パリ一週間
花と雑貨を探す旅プラン

Une Semaine à Paris
à la découverte de mes fleurs et objets préférés

三代川純子

六耀社

はじめに

初めてのパリは、英国での花留学を終え、イギリス人のフローリスト、ジェーン・パッカーのスクールで教えていた頃のこと。毎夏1ヶ月の休暇をもらい、研修と称して自費でロンドンに滞在していた時のことでした。その当時の上司にパリのお花も見て来るといいと言われ、2週間の予定でパリのフルリストで働かせていただくことになったのです。

当時は英国命！ロンドン大好きだった私ですから、パリは全く眼中になく、30代初めの遅いパリデビューとなりました。フランスと言えば、「フランス人がいなければいい国だ！」「フランス人は本当に意地悪」「話せるのに英語を話してくれない！」と聞くばかりであまり良い印象を持っていませんでしたので。

ところが、研修をさせていただいた2軒のショップのスタッフは言葉こそ通じませんでしたが、皆、とても親切でした。花束やアレンジメント作り、ラッピングの方法、そして三ツ星レストランの活け込みなど、わずかな日程で来た言葉の通じない日本人相手に、身振り手振りで説明し、仕事の現場を見せ、そして私にもアレンジをさせて下さいました。意地悪をして話さないのではなく、本当に英語が出来ない人もいるのだとわかったのもこの時。以来、生徒さんをお連れするツアーや、休暇、見本市での買い付けなどのために、パリに渡ること20数回、今では、すっかりパリびいきになった私です。

ロンドン留学中、まとまったお休みが取れると、ベルギー、オランダ、ドイツ、スイス、イタリア、東欧と旅行していた私が、なぜかパリに近寄らなかったのも、後年、パリは度々訪れることになるからと予知(?)していたからに違いありません。パリの魅力はと聞かれると、街並みや風景、そしてそこに流れる空気の美しさもさることながら、女性の、特に年配の方の凛とした姿が美しいことにつきると思います。街を歩いていると素敵なお手本がたくさん！美しく年を重ねることに魅力を感じる大人の街、それがパリではないでしょうか。そして、もちろん、フラワーデザイナーという職業柄、素敵な雑貨が

見つかるのもパリの魅力。昨今、日本でもあらゆるものが手に入るようになったとはいえ、まだまだ、本場にはかないません。というわけで、帰国時の荷物はいつも恐ろしいことに…。

そもそも、この本は、パリに行くという友人知人、生徒さんに差し上げていた通称「ミヨガイド」が発端です。「パリに行くのですが、どこかいいところを教えてくれませんか？」と言われ、「あそこがいい」「ここにも行って」というつもりでお渡ししていた「ミヨガイド」。それをこのような本にまとめてみました。皆さんもどうぞ「美しい」「おいしい」「素敵な」パリを楽しんで下さい！

もくじ

はじめに —— 4
パリ全図 —— 6
パリの歩き方 —— 8

1日目
Saint Germain des Prés
フルリストやインテリアブティック巡り
　　　サンジェルマン・デ・プレ —— 10

パリで買ったものでアレンジ
パリの器を使って —— 32

2日目
Champs-Élysées, Arc de Triomphe, Iéna
ホテルの花を見よう
　　　シャンゼリゼ、凱旋門、イエナ —— 36

パリで買ったものでアレンジ
パリ式花束のラッピング —— 50

コラム　パリ旅行の持ち物 —— 51

3日目
Madeleine, Opéra, Saint Honoré
マダムも憧れるパリの雑貨を買おう
　　　マドレーヌ、オペラ、サントノーレ —— 52

パリで買ったものでアレンジ
パリのキャンドルを使って —— 60

コラム　パリ旅行の服装　荷物について —— 61

4日目
Marché de Rungis, 16ᵉ arrondissement
雑貨やおしゃれ小物を探そう
　　　ランジス市場、16区 —— 62

パリで買ったものでアレンジ
オリエンタルなオーナメントを使って —— 65

5日目
Marais, Les Halles
個性的なブティックを探そう
　　　マレ、レ・アール —— 70

コラム　パリのマルシェ —— 75

パリで買ったものでアレンジ
バスケットを使って —— 78

6日目
Montmartre
布を探そう　モンマルトル —— 80

パリで買ったものでアレンジ
ダリアの柄の布に合わせて —— 84

7日目
Maison & Objet
見本市に新作を見に行こう
　　　メゾン&オブジェ —— 86

パリで買ったものでアレンジ
リボンとオーナメントでクリスマスリース —— 89

コラム　おいしいおみやげ —— 90

旅の終わりに　アルバムの作り方 —— 92

あとがき —— 93

さくいん —— 94

本書に掲載した店舗の写真は2007年撮影のものです。住所や営業時間、定休日は変更になることがあります。
€1は、2007年2月現在で約155円です。商品の価格は取材時のもので、変更になる場合があります。また、店舗によって異なることもあります。

パリ全図

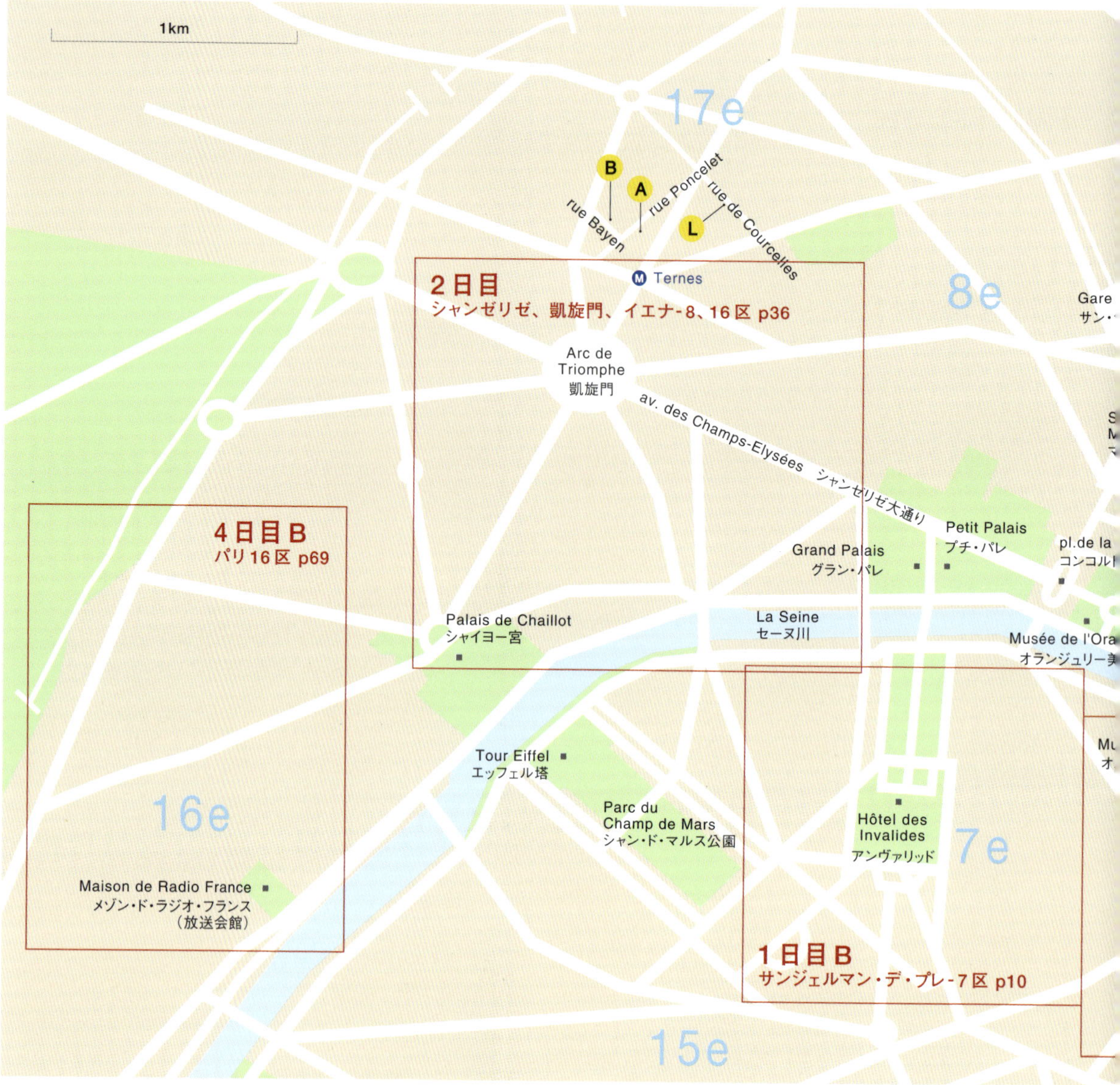

1km

B A
rue Bayen rue Poncelet rue de Courcelles
L
Ⓜ Ternes

2日目
シャンゼリゼ、凱旋門、イエナ-8、16区 p36

Arc de Triomphe
凱旋門

av. des Champs-Elysées シャンゼリゼ大通り

Grand Palais
グラン・パレ

Petit Palais
プチ・パレ

pl. de la コンコル

4日目B
パリ16区 p69

Palais de Chaillot
シャイヨー宮

La Seine
セーヌ川

Musée de l'Ora
オランジュリー美

16e

Tour Eiffel
エッフェル塔

Parc du Champ de Mars
シャン・ド・マルス公園

Hôtel des Invalides
アンヴァリッド

7e

Maison de Radio France
メゾン・ド・ラジオ・フランス
(放送会館)

1日目B
サンジェルマン・デ・プレ-7区 p10

15e

17e 8e Gare サン

Mu オ

4日目A
ランジス市場-パリ郊外 p62

パリ 17区

A *Brûlerie des Ternes* ブリュルリー・デ・テルヌ —— p90
B *Diway* ディヴェー —— p91
L *Pascal Mutel* パスカル・ミュテル —— p12

パリ 10区

C *Jamin Puech Inventaire* ジャマン・ピュエシュ・アンヴァンテール —— p25

パリ 1区

M *Baptiste* バティスト —— p33

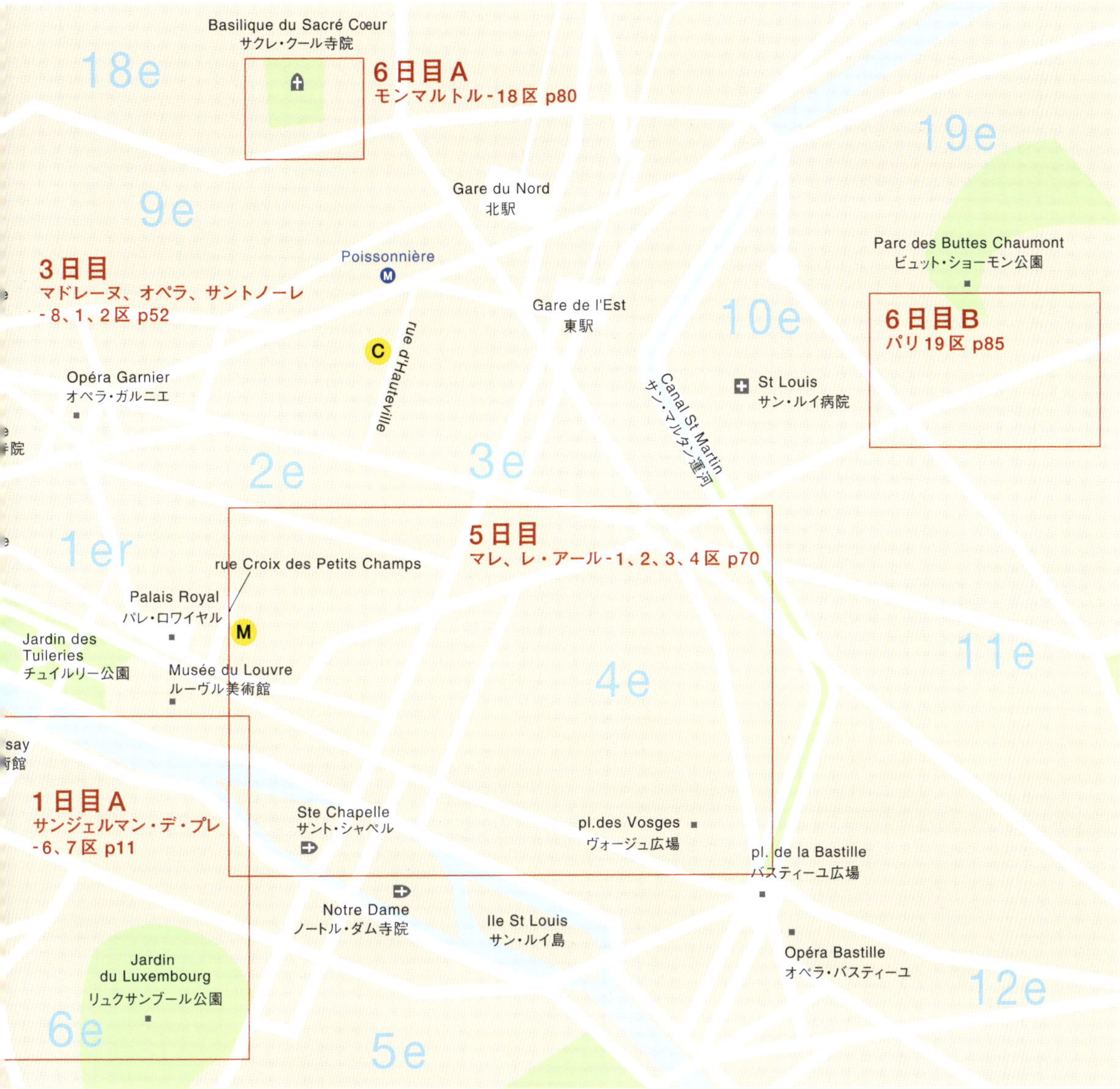
Basilique du Sacré Cœur
サクレ・クール寺院
18e
6日目A
モンマルトル-18区 p80
19e
9e
Gare du Nord
北駅
Parc des Buttes Chaumont
ビュット・ショーモン公園
3日目
マドレーヌ、オペラ、サントノーレ
-8、1、2区 p52
Poissonnière
Gare de l'Est
東駅
10e
6日目B
パリ19区 p85
rue d'Hauteville
Opéra Garnier
オペラ・ガルニエ
Canal St Martin
サン・マルタン運河
St Louis
サン・ルイ病院
2e
3e
5日目
マレ、レ・アール-1、2、3、4区 p70
1er
rue Croix des Petits Champs
Palais Royal
パレ・ロワイヤル
Jardin des Tuileries
チュイルリー公園
Musée du Louvre
ルーヴル美術館
4e
11e
1日目A
サンジェルマン・デ・プレ
-6、7区 p11
Ste Chapelle
サント・シャペル
pl.des Vosges
ヴォージュ広場
pl. de la Bastille
バスティーユ広場
Notre Dame
ノートル・ダム寺院
Ile St Louis
サン・ルイ島
Opéra Bastille
オペラ・バスティーユ
Jardin
du Luxembourg
リュクサンブール公園
12e
6e
5e

7日目
メゾン&オブジェ-パリ郊外 p86
RER Aéroport Charles de Gaulle 1
N17
Aéroport de Paris-Roissy Charles de Gaulle
パリ・シャルル・ド・ゴール空港
D902
A1
L'Autoroute du Nord
D170
bd André Citroën
RER Parc des Expositions
Paris-Nord Villepinte Parc d'Expositions et Centre de Conventions
パリ・ノール見本市会場
A1
A104
La Francilienne
A104
Aéroport de Paris-Le Bourget
パリ・ブールジェ空港
パリ市街
RER Villepinte
1km

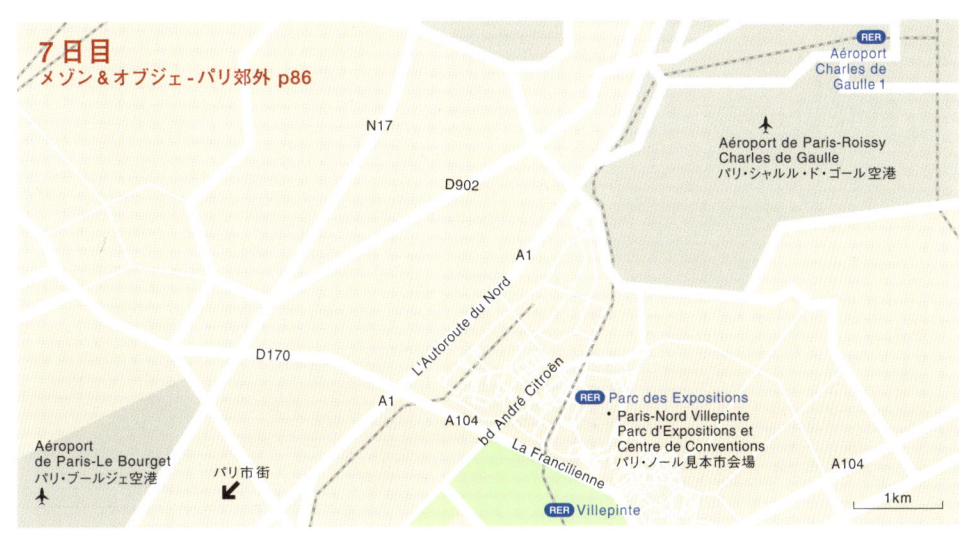

パリの歩き方

歩くエリアを決めましょう

パリ歩きのポイントは何と言っても曜日毎に歩くエリアを決めること。興味のあるエリアと滞在日数に合わせてスケジュールを決めましょう。1日1エリア、もしくは2エリアくらいがベスト。例えば、初日は左岸のサンジェルマン、2日目は右岸のマドレーヌ、オペラ座付近というように。
日曜日はショップの殆どがお休みになってしまうパリ。そんな日こそゆっくりと公園を散歩したり、カフェでパリジェンヌ気分でお茶をしたり、また美術館に行くことをお薦めします。マレ地区の一部のショップは日曜日でもオープンしていますが、全てではないので、指をくわえてウィンドウを眺めるだけだったり、結局また足を運ぶことになったり、かえってフラストレーションが溜まることも…。
7日の滞在なんてムリ…という方もまずは数日からトライしてみて。旅は終った時に心残りがあるほうが次の旅へ楽しみが続きます。

この本では
1日目：　サンジェルマン・デ・プレ
2日目：　シャンゼリゼ、凱旋門、イエナ
3日目：　マドレーヌ、オペラ、サントノーレ
4日目：　ランジス市場、16区
5日目：　マレ、レ・アール
6日目：　モンマルトル
7日目：　メゾン＆オブジェ
とエリアを決めて、効率よく廻る方法をご紹介します。

地図を買いましょう

パリ歩きにはポケットサイズの地図が便利。20区別になった地図は街のあちらこちらにある売店で買うことが出来ます。行きたい場所の区と通りの名前がわかれば、あとは番地から簡単に目的地に辿り着くことが。パリの道路には全て名称があり、通りの角の建物に、紺地に緑の枠の案内板が貼られています。番地は、通りの片側が奇数、反対側が偶数で建物の正面に表示があります。

お気に入りのショップに出合ったら、そのお店のカードをもらい、地図に貼っておくのが私流です！

移動はタクシー、メトロで。
あとはひたすら歩く

移動にはタクシー、メトロが便利。タクシーは日本に比べて安く、住所さえ知らせれば目的地まで行けるのでカンタンですが、街中で流しのタクシーを拾うのはかなり難しいことです。

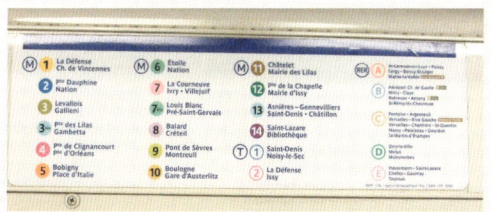

その点、メトロは非常に便利。路線は番号と色で分けられてあり、それぞれの終点の方向が行き先として表示されています。乗り換えの表示も番号と行き先を追うようにすればＯＫ！ メトロのチケットは、「Carnet（カルネ）」という10枚セットで購入するのが割安でお薦めです。このチケットで距離にかかわらず1回乗ることが出来、バスにも使用することが可能です。その日歩くエリアの中心のメトロ駅まで行き、あとはひたすら歩き廻る！ 歩いていると思わぬ発見が！ ガイドブックに載っていないお店の発見にもつながります。

旅の注意

身奇麗で、多くのブランドのショッピングバッグを持っている日本人はとても目立つ存在。スリには十分に気をつけて下さい！

私がパリを歩く時に心がけているのは、
◎必要以上のキャッシュは持ち歩かない。
◎パスポートはホテルのセーフティボックスに入れ、顔写真の部分のコピーを携帯する。（デタックス申告の際、パスポートNo.が必要なためですが、一部のショップ、ルイ・ヴィトンやエルメスなどは、オリジナルが必要な場合もあります。）
◎クレジットカード会社の現地の連絡先を控えておく。
◎特に、メトロに乗る時には、常に「スリに注意！」とお互いに声かけ。
◎ブランド物を買った場合には、タクシーを利用。
◎お財布などを入れる小さなバッグのほかに、大きめのバッグを携帯し、買った物をまとめてその中に入れる。

そしてもう一つ…。私達日本人は、道路を渡る時に「右見て、左見て」が体に沁みついています。が、右側通行のパリではその逆。「左見て、右見て」！
パリ到着後の数日間はこれになかなか慣れないのです。右を見てＯＫと思い渡ろうとしてクラクションを鳴らされ、ドキッとすることもしばしば。皆さんも十分に気をつけて下さい！

1日目

フルリストやインテリアブティック巡り
サンジェルマン・デ・プレ

Saint Germain des Prés

サンジェルマン・デ・プレはおしゃれなインテリアグッズのブティックやフルリスト(花屋)の宝庫。
ここ数年、リュクサンブール公園近くのプチホテルに滞在することが多く、私の旅はサンジェルマンで始まり、
サンジェルマンで終わります。真っ先に歩かないと落ち着かない「私のパリ」がまさにサンジェルマン・デ・プレです。

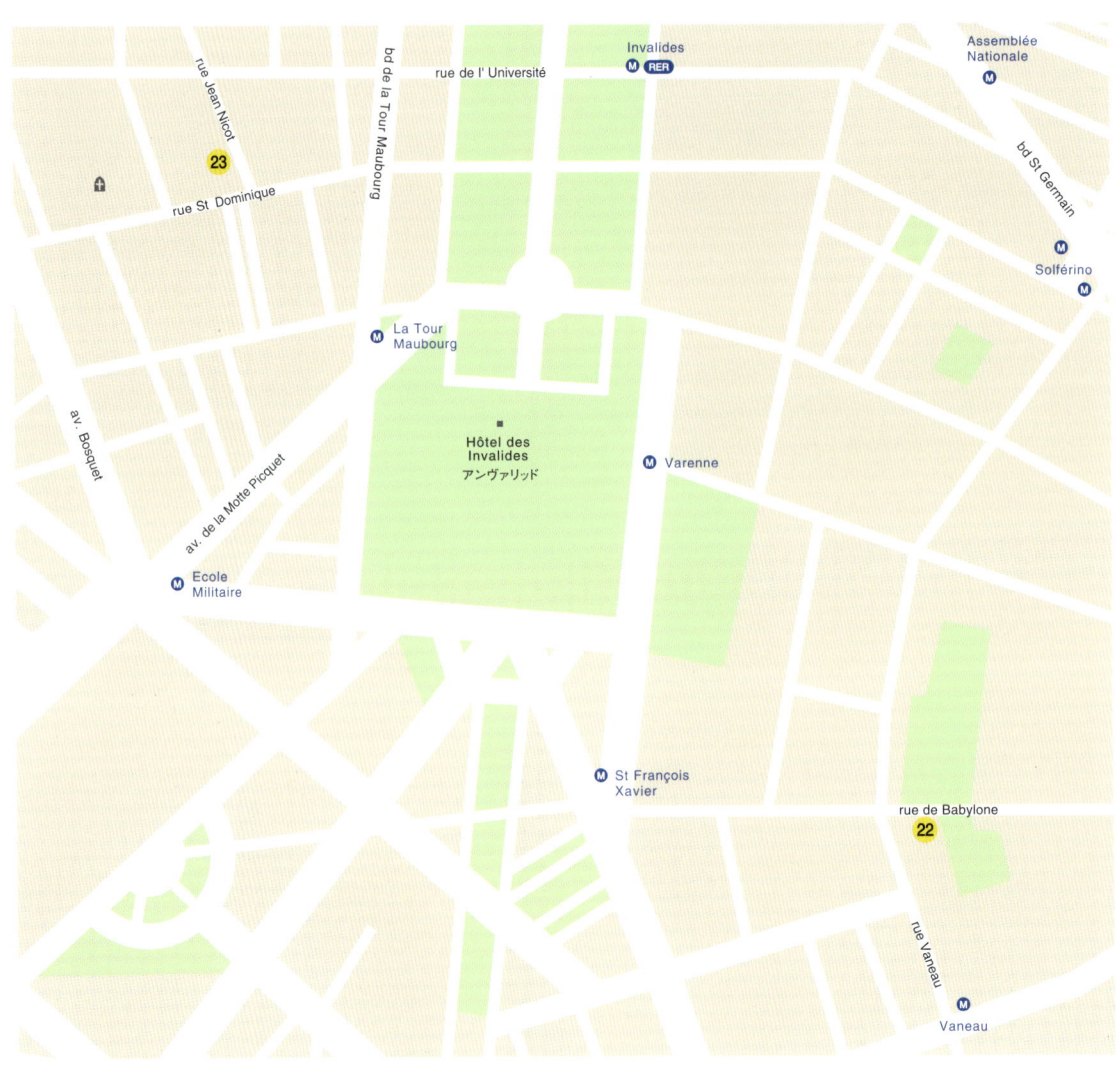

1　*Pascal Mutel*　パスカル・ミュテル ——p12　地図 p6 Ⓛ
2　*Tradition Renouée*　トラディション・ルヌエ ——p14　地図 p52 Ⓝ
3　*Les Couturiers de la Nature*
　　レ・クチュリエ・ド・ラ・ナチュール ——p14
4　*Au Nom de la Rose*　オ・ノン・ド・ラ・ローズ ——p13
5　*Cire Trudon*　シール・トリュドン ——p15
6　*Gérard Mulot*　ジェラール・ミュロ ——p16
7　*Casa Bini*　カーサ・ビーニ ——p15
8　*Da Rosa*　ダ・ローザ ——p17

9　*Droguerie Thanner*　ドログリー・タネール ——p17
10　*Manuel Canovas*　マヌエル・カノヴァス ——p18
11　*Flamant*　フラマン ——p20
12　*Pierre Frey*　ピエール・フレイ ——p19
13　*Blanc d'Ivoire*　ブラン・ディヴォワール ——p18
14　*Caspari*　カスパリ ——p22
15　*Olivier Pitou*　オリヴィエ・ピトゥ ——p23
16　*Fragonard*　フラゴナール ——p27
17　*Odorantes*　オドラント ——p24

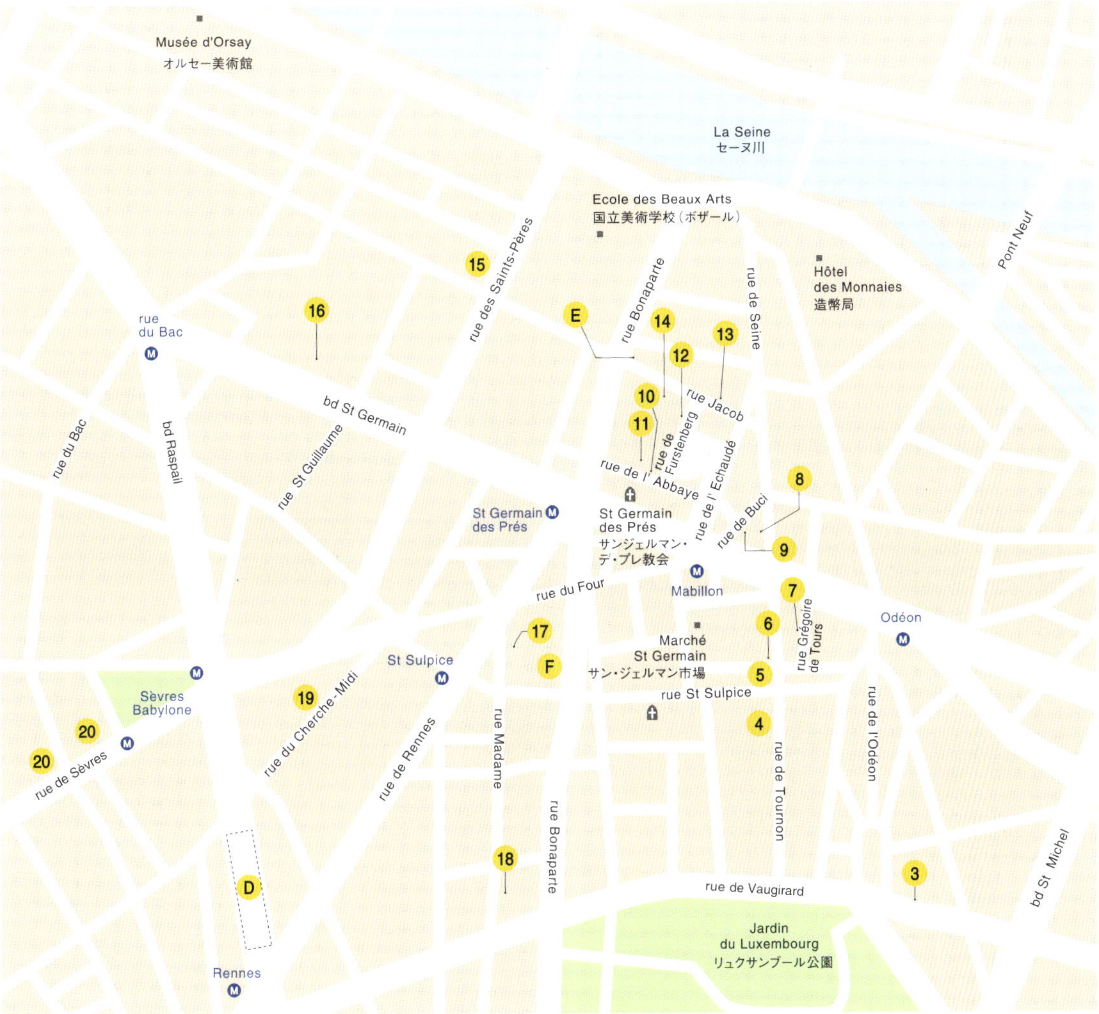

18	*Jamin Puech*	ジャマン・ピュエシュ ── p25	D	*Marché Raspail* マルシェ・ラスパイユ ── p75
19	*Poilâne*	ポワラーヌ ── p26	E	*Ladurée* ラデュレ サンジェルマン・デ・プレ店 ── p41
20	*Le Bon Marché*	ル・ボン・マルシェ ── p30	F	*Pierre Hermé* ピエール・エルメ ── p90
21	*Baptiste*	バティスト ── p33 地図p7 Ⓜ		
22	*Marianne Robic*	マリアンヌ・ロビック ── p28		
23	*Un Jour de Fleurs*	アン・ジュール・ド・フルール ── p34		

1日目

Pascal Mutel
パスカル・ミュテル

95, rue de Courcelles 75017 Paris
Tél.01-42-67-21-17
月〜土 8:30〜19:30
休みは日、祭日の一部
www.pascalmutel.com
地図 p6 Ⓛ

このショップは、2010年、上記の場所になりました。写真と文章は2007年に撮影した6区にあった店舗のものです。

パリ歩きのスタートは、フルリストから

フランスを代表するフラワーアーティストと言えばご存知クリスチャン・トルチュ氏。初めてパリに訪れて以来、パリ滞在の時には必ず覗いていた彼のフルリストがここ。ところが、朝にはトルチュのお店だったそこが、夕方には「パスカル・ミュテル」に変身(?)したまさにその時居合わせ、大ショック！を受けました。

オデオン広場にあったトルチュのショップはそのままにオープンした「パスカル・ミュテル」は、パスカル氏の2店舗目のお店だそう。このフルリストでも、引き続きトルチュオリジナルの器などが取り扱われているので、ちょっと安心。飾られているブーケは、トルチュに負けず劣らず素敵！このお店も「毎回チェック！」のアドレスとなりそう…。

不定期ながらお花のレッスンも行っているそうで、日程を合わせて一度受けてみたい！と思っています。

白とグリーンでまとめられたディスプレイはスタイリッシュな印象(上)。縁のスカラップが素敵なオリジナルバッグに入ったブーケは、ギフトにも最適(左)。白とグリーンの花のブーケは€80(下)。

Au Nom de la Rose
オ・ノン・ド・ラ・ローズ

4, rue de Tournon 75006 Paris
Tél.01-46-34-10-64
月〜土 9:00〜21:00
日 9:00〜14:00 祭休
www.aunomdelarose.fr
地図p11 ④

花びらが道端に舞うバラづくしのフルリスト。
バラグッズは必見！

「オ・ノン・ド・ラ・ローズ」はバラだけを扱うフルリスト。鮮やかな色を合わせたバラづくしの花束やアレンジメントがいっぱいです。お店の前にはいつもバラの花びらがまかれ、思わず足をとめる人も。バラの香りのキャンドルや、シロップ、花びら入りのコンフィチュール（ジャム）などもぜひ試してみて！フレグランスキャンドルを買ったところ、紙袋にバラ1輪と花びらを入れてくれたのは嬉しいサプライズでした。

パリの初日は、滞在中ホテルのお部屋で楽しめるように花束をオーダー。滞在の度に、違うフルリストで花束を買うことも楽しみの一つです。

色とりどりのバラを合わせたブーケ（上）。その色合わせはパリならでは。ブーケは€37。紙袋には花びらとバラ1輪という素敵な演出が（右）。バラのシロップとキャンドル、スプレー（下）。

1日目

Tradition Renouée
トラディション・ルヌエ

Le Prince du Sud（ル・プランス・デュ・シュッド）
9,rue d'Anjou 75008 Paris
Tél.01-40-51-08-67
月〜木 10:00〜13:00、14:00〜18:00　アポイント制
トラディション・ルヌエは、2010年現在、場所を移して上記のプロ向きのショールームになりました。写真と文章は2007年に撮影した元の店舗のものです。
www.leprincedusud.com
地図 p52 (N)

美しいタッセルにうっとり。おみやげにも最適

オデオン広場から目と鼻の先にある飾り紐のブティック、「トラディシヨン・ルヌエ」。いつも滞在するプチホテルとオデオン駅の間にあり、ウィンドウに飾られたタッセルの美しさに惹かれ、足を踏み入れたのが最初でした。ガイドブックにはなかなか載っていないとっておきのお店で、色とりどりの紐で作られたキーホルダーはおみやげに最適。

最近はトラディショナルなタッセルのデザインにリボンやビーズをあしらい、新しいセンスがプラスされた商品が見られるようになったと思っていたら、デザイナーがベルナール・セラ氏に代わったとか。タッセルをフラワーアレンジメントに入れてみては？ まさにパリ風！ に仕上がります。

Les Couturiers de la Nature
レ・クチュリエ・ド・ラ・ナチュール

16, rue de Vaugirard 75006 Paris
Tél.01-43-26-18-25
月〜土 10:00〜20:00　日・祭休
www.lescouturiersdelanature.com
地図 p11 ③

プリザーブドフラワーの専門店

パリ一長い通りと言われているヴォジラール通りにあるプリザーブドフラワーの専門店。この並びにあるプチホテルを定宿にしているので、毎日このお店の前を通ります。いつ見てもウィンドウには美しいアレンジメントの数々が。特に、バラの花びらで作られたトルソーが圧巻です。

一種類のプリザーブド素材をふんだんに使うのが特徴。

Cire Trudon
シール・トリュドン

78, rue de Seine 75006 Paris
Tél.01-43-26-46-50
月〜土 10:00〜19:00　日・祭休
www.ciretrudon.com
地図p11 ⑤

キャンドルと言えばココ！

「オ・ノン・ド・ラ・ローズ(p13)」から「ジェラール・ミュロ(p16)」に向かう途中にあるキャンドル屋さん。フルーツやお菓子などいろいろな形をしたキャンドルの種類は驚くほどで、エッフェル塔好きの私はその形をしたキャンドルに大感激！ただ、困ったことに、このキャンドル、形がなくなるのがもったいなくて火を灯せないんです！もちろん、火を灯すことの出来る(当たり前ですが)キャンドルも豊富な色合いが揃っています。季節に合ったウィンドウディスプレイも楽しみ。お店は、リニューアルされたよう。

いろいろな形のキャンドルのほかに、キャンドルグラスも。

Casa Bini
カーサ・ビーニ

36, rue Grégoire de Tours 75006 Paris
Tél.01-46-34-05-60
月〜日 12:30〜14:30、19:30〜23:00
クリスマス、年末年始休
地図p11 ⑦

トルチュ氏お薦めのイタリアン。
カルパッチョが美味！

以前、雑誌でクリスチャン・トルチュ氏が紹介していたお店。ガイドブックにはほとんど載っていませんが、地元の人に人気のイタリアンで、いつも満席です。特にカルパッチョが美味！いらっしゃる時には必ず予約をして下さい。天井の梁が特徴の2階席がお薦めです。

必ずオーダーする3種類。生ハムと季節のフルーツ(上)、牛肉(左下)とタコ(右下)のカルパッチョ。

1日目

Gérard Mulot
ジェラール・ミュロ

76, rue de Seine 75006 Paris
Tél.01-43-26-85-77
木～火 6:45～20:00　水休
www.gerard-mulot.fr
地図p11 ⑥

グルメ垂涎のパティスリー「ジェラール・ミュロ」

日本にも上陸済みのスィーツ、パン、お惣菜の名店。お店に近付くとパンの焼ける匂いとスィーツの甘い香りが漂ってきます。いつ行ってもウィンドウを眺める人、人、人、ケーキのデコレーションの美しさについ足をとめています。パティスリー(ケーキ屋)としてだけでなく、ブランジュリー(パン屋)としても、名高いのが「ジェラール・ミュロ」です。

お店の一角に軽くお茶を飲めるスペースが数席あり、時々、プラスチックのフォーク持参でケーキをいただきます。いろいろなお味を楽しむには、ぜひケーキ、パン、お惣菜をテイクアウトしてみて。特にキッシュやサラダ類は本場ならではのものです。注文してレジでお金を払ってから商品を受け取るシステムです。Let's try!

パンを買い求める人の波は途切れることがないほど。パリでしかいただけないパン(左上)とお惣菜(左下)(右中)は是非試したい！　スィーツも常に15種類以上。(右上、右下)

Da Rosa
ダ・ローザ

62, rue de Seine 75006 Paris
Tél.01-40-51-00-09
食材店 10:00～23:00
レストラン 12:00～24:00
無休、休日は12月25日のみ
www.restaurant-da-rosa.com
地図p11 ⑧

シャンパンビネガーとソーテルヌワインビネガー。

絶対立ち寄るエピスリー「ダ・ローザ」。
お目当ては生ハムとおいしいおみやげの数々

パリ滞在中に必ず1度は立ち寄るお店「ダ・ローザ」は、食事もできる食材店。1度ならず2度、3度ということもしばしばです。特に到着早々の夕食を軽くしたいという時にぴったり。日曜日も開いています。お目当てはイベリコ豚の生ハム。サラダやスモークサーモンのタルティーヌもおいしく、デザートには「ピエール・エルメ」のスィーツも。
そして、必ず買うのがレーズンチョコ。ワインに漬けたレーズンの味が本当においしく、おみやげのリクエスト多し。ほかにもこだわって集められた商品の数々が並び、おいしいもの好きのお友達へのおみやげはここで調達します。

Droguerie Thanner
ドログリー・タネール

29, rue de Buci 75006 Paris
Tél.01-43-26-89-61
月 11:00～19:30
火～土 10:00～19:30　日・祭休
地図p11 ⑨

街の雑貨屋さんで
掘り出し物のバスケットを見つける

7年前に買い、今も愛用中のバスケット（左下）。「どこで買ったの？」と何度も聞かれています。バスケットの他、書きつくせないほどの商品が。フランス版おしゃれな「よろず」屋さんです。

白とグレーのストライプの庇に下げられたたくさんのバスケットが目印の雑貨屋さん。いかにもパリの下町の雑貨屋さんという風情で、掘り出し物のバスケットが見つかります。たまたま通りかかって見つけたお店ですが、その時買ったバスケットの数々は今でも私の夏のファッションに欠かせないアイテムです。もちろんフラワーアレンジに使えるかごもたくさん！

1日目

「マヌエル・カノヴァス」お得意のコーディネート。ストライプと花柄という組み合わせも同じ色合いでコーディネートすれば洗練された印象に。

Manuel Canovas
マヌエル・カノヴァス

6, rue de l'Abbaye 75006 Paris
Tél.01-43-29-91-36
2010年1月に、広場の反対側の上記の場所に移転しました。写真と文章は2007年に撮影した元の店舗のものです。
火〜土 10:00〜18:30　日・月・祭休
www.manuelcanovas.fr
地図p11 ⑩

美しいテキスタイルのブティック

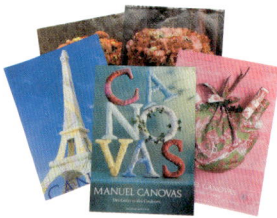

最初に知ったのはフランスの雑誌「ELLE DECO」の広告で、美しい布の広告写真はわざわざ切り抜いてコレクションしていたほどです(写真右)。毎年発表するプリントの美しさには目を見張るものが！ 特に素敵なのは、同じ色合いで、ストライプ、花柄など異なるパターンの布が作られていること。英国留学中、何度となく訪れたインテリアの素敵なお宅では、この同系色異パターンをコーディネートしたテキスタイル使いが多く見られました。我が家のインテリアを彩るイギリスの「Jane Churchill（ジェーン・チャーチル）」や「Colefax & Fowler（コールファックス&ファウラー）」の布も取り扱われています。

Blanc d'Ivoire
ブラン・ディヴォワール

4, rue Jacob 75006 Paris
Tél.01-46-33-34-29
月 12:30〜19:00
火〜土 10:30〜19:00　日・祭休
www.blancdivoire.fr
地図p11 ⑬

扱うものが《白》だけのお店

お店の中がモノトーンで統一されていてとにかくオシャレ。扱うものが全て「Blanc(白)」だからでしょうか。シンプル&シックはパリのマダムにも人気で、素敵なマダムに会えるのもこのお店の魅力です。

モノトーンのインテリアは落ち着いた印象。ベッド周りやリビングルーム用のホームアクセサリーもシックな色合い。

ピエール・フレイ

2 bis, rue de Furstenberg 75006 Paris
Tél.01-43-26-82-61
月〜土 10:00〜19:00　日・祭休
www.pierrefrey.com
地図p11 ⑫

プリントが美しいテキスタイルのお店。
小物類も豊富

「マヌエル・カノヴァス」と並んで、こちらも美しいプリントが特徴の布地店。嬉しいことに、そのプリントで作られたテーブルクロスやクッション、食器やプラスチック製のトレイなど小物類が充実しています。以前こちらで購入したバッグをパリで持ち歩いていて「どちらのバッグですか？」と聞かれたこと数回！ お店の斜め向かいには、フレイ社が扱う「Braquenié(ブラクニエ)」のブティックが。フランスの伝統を感じさせる重厚な布の数々が見られます。

オリジナルプリントのテキスタイルを使った小物が素敵にディスプレイされた店内。クッション、トレイ、カップ＆ソーサー、プレートなどなど。好きな柄の物は全て揃えたくなります（下）。これもどこで買ったか何度も聞かれる私物のバッグ（左）。

1日目

Flamant
フラマン

8, rue de Furstenberg,
8, rue de l'Abbaye 75006 Paris
Tél.01-56-81-12-40
月〜土 10:30 〜 19:00　日・祭休
www.flamant.com
地図 p11 ⑪

ベルギーのインテリアブティック。
フルリストやサロン・ド・テもあり、
ゆっくり楽しみたい

とにかく広いインテリアブティック。リビング、ダイニング、ベッドルームと一軒家の部屋のようにディスプレイされていて、インテリアのヒントがいっぱい。商品も驚くほどの数で、買って帰りたい物がたくさんあって、クラクラしそう！ フルリストのお花も素敵、サロン・ド・テの日替りランチも楽しみ！ と三拍子揃ったお店。「ジェラール・ミュロ (p16)」のお菓子をサロン・ド・テでいただけます。

モノトーンで統一されたシックなインテリアのサロン・ド・テは落ち着いた印象（左）。日替わりのランチメニューのほか、サラダなどのメニューも豊富です。デザートには「ジェラール・ミュロ」のスイーツが（右）。

ダイニングルーム（上）、子供部屋（右上）、バスルーム（下）と、お部屋別に商品を使ったインテリアが見られ、コーディネートの参考になります。子供部屋では、自分の部屋のように遊ぶ子供達の姿が。フルリストのディスプレイも洗練されていて素敵！（中）

1日目

カスパリ

7, rue Jacob 75006 Paris
Tél.01-55-42-15-00
月 14:00～19:00
火～土 10:00～19:00
日・祭休
www.casparionline.com/
地図 p11 ⑭

紙ナプキンの種類は圧巻

紙ナプキンのメーカーは数多くありますが、「カスパリ」が生み出す色や柄の美しさは他にはないもの。かわいい物ばかりでなく、シックな色合いの物もあり、それらがディスプレイされたショップにはテーブルコーディネートのヒントがたっくさん！ カード類も豊富でステーショナリー好きにはたまらないお店です。看板犬は、フランスに多いジャック・ラッセル・テリア。

ナプキン類の種類の多さ、色合いの美しさは「カスパリ」ならでは。

レジの横にはジャック・ラッセル・テリア君が（右）。（ぬいぐるみではありません！）

22

Olivier Pitou

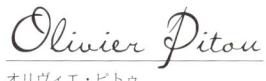

オリヴィエ・ピトゥ

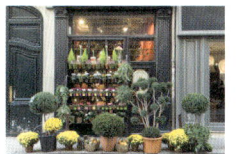

14, rue des Saints-Pères 75007 Paris
Tél.01-49-27-97-49
月～土 9:00～21:00
日 10:00～19:00　祭休
地図 p11 ⑮

サンジェルマン・デ・プレ教会に程近い個性的なフルリスト

外壁にスズランの鉢物がぎっしり…かと思えば、色とりどりの鉢物が…。個性的なディスプレイが魅力のフルリスト。以前あったお店の斜め向かいに最近移転。新しいショップは、真紅の花模様のゴブラン織りの布が壁一面に貼られているのが印象的。天井の高さを生かし、背の高い枝物が置かれたショップの中は、まるで森の中のよう。お花の周りに葉を添えて飾られてあり、花束のようなディスプレイが印象的です。

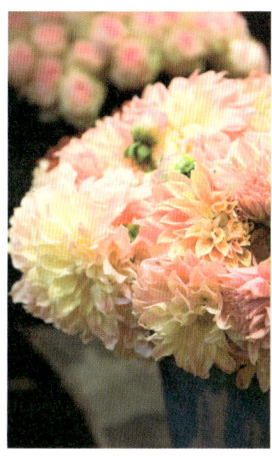

種類毎にディスプレイされたお花はまるで花束のよう（上、右）。鉢物のディスプレイは人目を惹く演出（下）。

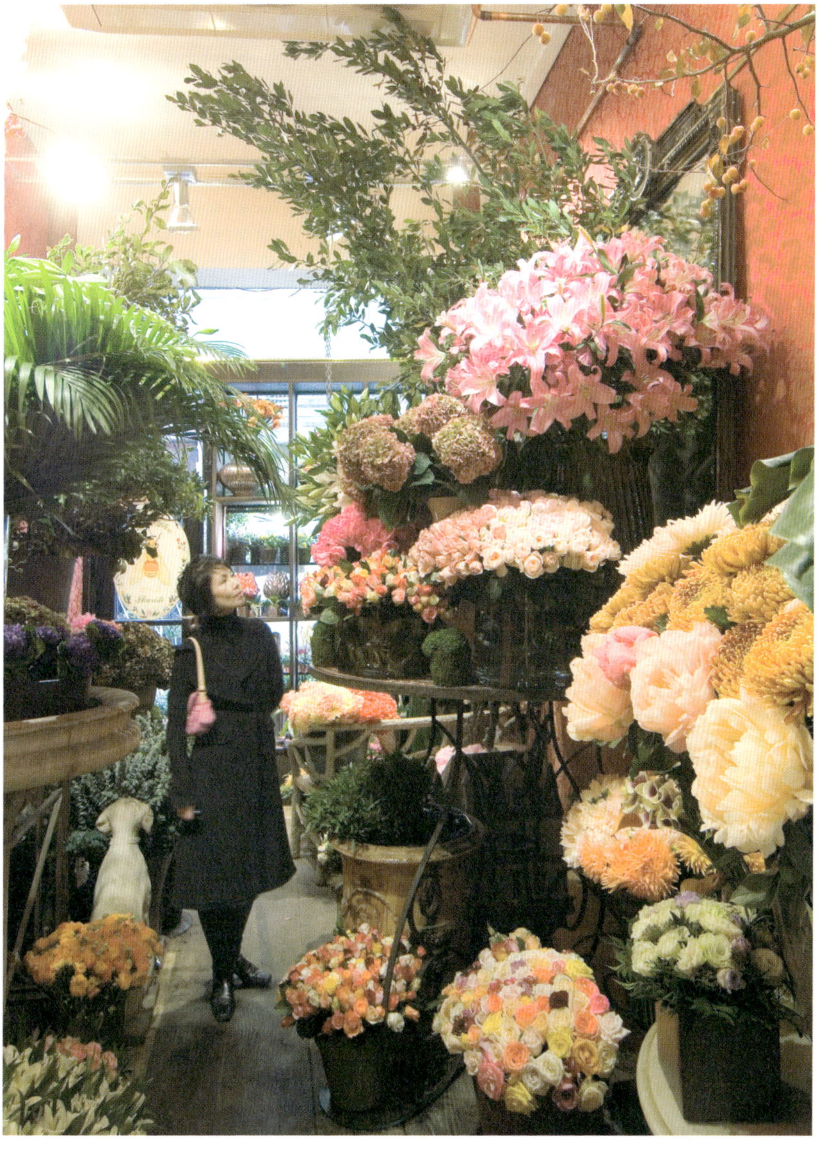

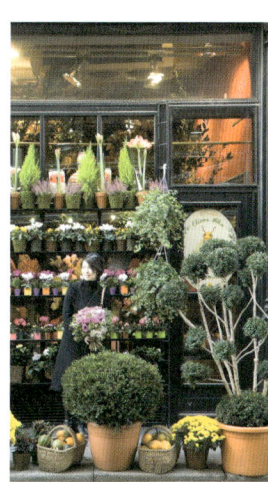

1日目

Odorantes
オドラント

9, rue Madame 75006 Paris
Tél.01-42-84-03-00
火～土11:00～19:30　日・月・祭休
地図p11 ⑰

「香り」という名のフルリストは、まるで美術館のよう

「Odorantes」とは、"香り"という意味だそう。アルファベット好きの私は、このお店のロゴにノックアウト！されました。絶妙なバランスで配置されたアルファベットの文字とダークグレーの壁の色が素敵！その壁にお花の色が美しく映え、一つ一つのお花が小鳥やうさぎのオブジェとともにまるで絵画のように完成されたシーンを作り出しています。香りのするお花ばかりを集めているためか、お店の中はほのかに香りが漂い、何時間でも居たいような心地良い空間。オーナーであるクリストフさんとエマニュエルさんが作り出すブーケもアートそのもので、花束には、南仏に在住のお二人の友人、ジゼルさんによるポエムが添えられるのだそう。何てロマンチックなアイデアなのでしょうか。ロマンチックといえば、ショップカードのバラのイラストも「ロマンチック」そのものです。オリジナルのフレグランスキャンドルは、お花とグリーンの2種類の組み合わせで、同時に灯すことによって花束のような香りが生まれるんですって。そのアイデアに脱帽です！

ブーケを製作中のエマニュエルさん（左）とクリストフさん（右）。お二人の動きは息もぴったり。

クチナシと菩提樹の香りのするキャンドル。同時に灯すとお花とグリーンの香りが立ち上り、まるで花束のよう。

大好きなブティックのロゴ（右）。お花と小物とで完成されたディスプレイが店内のあちらこちらに。まるでアートシーンのよう（中央）。

ジャマン・ピュエシュ

43, rue Madame 75006 Paris
Tél.01-45-48-14-85
月～金 11:00～19:00　土12:00～19:00　日・祭休
www.jamin-puech.com
地図p11 ⑱

個性的なバッグが並ぶ大好きなお店

10数年前に東京のセレクトショップで初めてバッグを買い、以来、大ファンに。こんなに有名になる前、10区にブティックがあった時には地図を片手に訪ねて行ったことがあります。（ちょっと雰囲気の異なるエリアで怖かった！）日本でも扱うお店が増えましたが、ここは別格（当たり前ですね）。個性的なバッグの色使い、小物使いはフラワーデザインのヒントになることもしばしば…。さて、ジャマン・ピュエシュファンに朗報が！ 先シーズンの商品を扱うお店が、10区にあったアトリエあとに登場。全ての商品が3～5割引のプライスで購入出来ます。でもご安心を。今や10区は最も変化の激しい地区と言われていてBOBO＝ブルジョア・ボヘミアンと呼ばれるニューリッチ層にも人気のエリアで、もう怖いところではありません（笑）。

Jamin Puech Inventaire
ジャマン・ピュエシュ・アンヴァンテール
61, rue d'Hauteville 75010 Paris
Tél.01-40-22-08-32
月～金 11:00～19:00　土12:00～19:00　日休
地図p7 Ⓒ

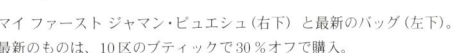

マイ ファースト ジャマン・ピュエシュ（右下）と最新のバッグ（左下）。最新のものは、10区のブティックで30％オフで購入。

1日目

Poilâne
ポワラーヌ

8, rue du Cherche-Midi 75006 Paris
Tél.01-45-48-42-59
月〜土7:15〜20:15　日・祭休
www.poilane.fr
Cuisine de Bar (キュイジーヌ・ド・バー)：
Tél.01-45-48-45-69
火〜土8:30〜19:00　日・月・祭休
地図p11 ⑲

知らない人はいないパンの有名店

その昔、世界一おいしいパン屋さんと聞いたことがあるほどの有名店。パンだけでなく素朴な味のクッキーは必ずおみやげに買って帰ります。クッキーの焼け具合が微妙に異なり、私の周りはちょっと焦げ気味好みが多く、「ポワラーヌの色黒のクッキーを買ってきて！」なんて言われることも。代表的なパンは、パン・ド・カンパーニュで、東京のデパートにも1週間に1度空輸されると聞いたことがありますが。そのパン・ド・カンパーニュをいただけるのがお隣の「キュイジーヌ・ド・バー」。田舎パンを薄くスライスし、いろいろな具材をのせたタルティーヌのお薦めはザリガニ＆アボカド、アンチョビ＆チキン、そしてフォアグラ！　一緒に付いてくるレタスのサラダは、レーズンと粒マスタードのドレッシングが絶妙なお味です。

必ずお味見するクッキー（上中央）。私は色黒派です！パン・ド・カンパーニュの形をしたクッションやロゴが刺繍されたショッピングバッグはおみやげに。

26

「キュイジーヌ・ド・バー」での私達の定番メニュー、ザリガニ＆アボカド（右）とフォアグラ（左）のタルティーヌ。

Fragonard
フラゴナール

196, boulevard Saint Germain 75007 Paris
Tél.01-42-84-12-12
月〜土 10:00〜19:00　日・祭休
www.fragonard.com
地図 p11 ⑯

フレグランスグッズのブティック。小物類も充実

パリ仲間のアシスタント、かすみちゃんはいつもここでエッフェル塔が描かれたフレグランスキャンドルを買っていました。犬を飼っているお家には欠かせないんですって！ 私も真似をして購入。以来、毎回買うようになりました。キャンドルを使い終わったあとも、グラスが使えるのが良かったのですが、最近見られなくなってしまったのが残念！ でも、行く度に素敵なグッズが見つかるのもこのお店の魅力。美しい刺繍の小物入れや、ベビーグッズ、香りのグッズなどなど…。選ぶのが大変！

エッフェル塔の形をしたオード・トワレ。

花の刺繍が美しい袋（€35）と巾着（€25）。行く度に新作があるのが嬉しい。

裏がベルベットのマフラー（€40）とアイマスク（€18）。

定番の袋もの。大（€18）とファスナー付きの小（€15）。柄は10数種類あって、どれもこれも欲しくなって大変！

1日目

Marianne Robic

マリアンヌ・ロビック

39, rue de Babylone 75007 Paris
Tél.01-53-63-14-00

月〜金 8:30〜20:00　土 9:00〜19:00　日・祭休
地図 p10 ㉒

心地良い空間が特徴のフルリスト

オーナーのマリアンヌ・ロビックさんのショップは、その昔私が修業させていただいた「リリアンヌ・フランソワ」の目と鼻の先にありました。その以前には「リリアンヌ・フランソワ」にいらしたとか。移転したこちらのショップは、ブランドカラーであるパープルとイエローとがアクセントとなったインテリアで、マリアンヌさんの友人のヴァレリー・ロワさんが描かれた絵が飾られています。鮮やかな色合いにアネモネの花が美しいショップカードや紙袋もヴァレリーさんの絵でしょうか。広々とした空間に、鉢物とお花が美しくディスプレイされ、器も豊富。ショップオリジナルの三角形の紙袋も魅力的です。

全面がガラスのウィンドウには、アジサイのデコレーションとキュートな亀の飾りが（上）。ヴァレリー・ロワさんの絵とディスプレイ（左）。たくさんの器が飾られた棚の色もブランドカラーのパープルが（下）。

28

スタッフの方が作って下さったアジサイとバラのブーケは€35。
ショップカードと同じ絵が描かれた三角形のバッグが個性的。

1日目

Le Bon Marché
ル・ボン・マルシェ

22-24, rue de Sèvres 75007 Paris
Tél.01-44-39-80-00
月〜水・金 9:30〜19:00
木 10:00〜21:00
土 9:30〜20:00　日・祭休
別館の食品館は、月〜土 8:30〜21:00　日・祭休
www.treeslbm.com
地図 p11 ⑳

3階の売り場には、最新のインテリアグッズがたくさん。キャンドルスタンドなどホームアクセサリーがあふれています(左)。4階には、リボンや毛糸など手芸用品の売り場が(上)。

30

サンジェルマンの締めくくりは、ル・ボン・マルシェで

フランス最古の百貨店。3階のインテリア関係の売り場では、キャンドル、器、バスケットなどの小物が豊富で、クリスマス時期には素敵なオーナメントなど掘り出し物が見つかるはず。4階には手作り派に人気の「ラ・ドログリー（p79）」もあり、レ・アールの本店に行く時間のない時には便利です。2階には多くのファッションブランドのブティックが集中。短時間で見て回れます。必ず立ち寄って買い求めるのは地下の紙ナプキン類。中でも、厚手の紙で出来た「Paviot（パヴィオ）」のランチョンマットとペーパーナプキンのセット（左ページ右中央）はおみやげに喜ばれることうけあい。何気なくグラスに挿した1輪のお花もこのセットを使えば、簡単でオシャレなスタイリングが楽しめます。食料品を扱う別館は夜9時まで開いているのでサンジェルマンの締めくくりはここでのおみやげ選び。必ず頼まれるのがセップやモリーユなどの乾燥キノコ。オムレツに入れるとおいしいと聞き、試してみたところそのおいしさにビックリ！以来私のおみやげリストに追加しました。「Christine Ferber（クリスチーヌ・フェルベール）」のジャムやその他の食料品の種類も豊富。じっくりと見たい売場です。

ふんだんに陳列されている野菜（左上）と食料品売り場（左下）。おみやげの定番、乾燥キノコ（右上）とパッケージがおしゃれなクスミティ（右下）。

パリで買ったものでアレンジ

パリの器を使って

アジサイ柄のブリキの花器

花柄のブリキの花器

パリで買ったものは、レッスンで使ったり、お花を頼まれたときに使ったりと多いに役立ちます。アジサイの絵が描かれたブリキの器はメゾン＆オブジェ(p86)に出展している「Chinoh(シノー)」社(p88)のもの。カジュアルな印象が強いブリキにペイントするというアイデアがパリっぽくて素敵でしょ?! ブリキがおしゃれしてちょっと格が上がる感じです。この器、あまりの可愛いさに、長方形のサイズ違いの他、正方形の大、小と大量買いをし、ホテルオークラのレッスンでも使用しました。譲って欲しいという声も多かったのですが、数セットは手元に置いて、私が一番好きなピンク〜パープルのお花をアレンジするのにも愛用中です。このほか、グリーンのお花の器(写真右下)は、大、中、小とあり、それぞれ4・2・1種のお花が描かれていて、こちらもキュート!

パリで買ったもの：アジサイ柄のブリキの花器
花材：シャクヤク(モンジュールレイ)、ポンポンダリア、バラ(ダークレディ)、
　　　カーネーション(スピリット、ムーンダスト・ベルベットブルー)
資材：フローラルフォーム、ビニールシート

Baptiste
バティスト

38, rue Croix des Petits Champs 75001 Paris
Tél.01-42-22-82-31

月〜土 9:00〜20:00　日・祭の一部
地図p7 Ⓜ

2009年9月に上記の場所に移転しました。
写真と文章は2007年に撮影した元の店舗のものです。

ウィンドウディスプレイが素敵なフルリスト

オーナーのバティストさんも「リリアンヌ・フランソワ」出身。一緒に働いていらした奥様と独立して、サン・ペール通りにお店を開き、その誠実な仕事ぶりは瞬く間に評判となり、より広い現在の場所に移転されたのだそう。インテリア関係のアーティストとコラボしたウィンドウディスプレイが見られたりと、こちらもパリに来たら欠かせないお店。カエルの鳴き声が迎えてくれる店内は、天井に届きそうな枝ものと、石や木で出来たカエルやバンビ、そしてキノコとまるで森の中のよう。新鮮なお花の数々もあふれています。

森の中に迷い込んだような店内（下）。棚の中には鉢物（左上）や陶器の飾りが。

1日目

Un Jour de Fleurs
アン・ジュール・ド・フルール

少し離れていますが…必見のフルリスト、
並びにはパンや生ハムの名店も！

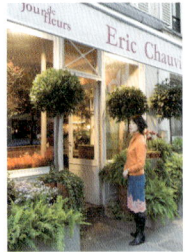

22, rue Jean Nicot 75007 Paris
Tél.01-45-50-43-54
月〜土 9:00〜20:30　日・祭休
www.unjourdefleurs.com
地図p10㉓

以前、この通りにショップを開いたオーナーは、パンの名店「Poujauran（プージョラン）」のお隣であることから、ここに決めたとか。今、その「プージョラン」は代替わりして「Secco（セッコ）」になっています。並びには生ハムの名店もあり、「ハナ」も「ダンゴ」も楽しめる通り。現オーナーのエリック・ショヴァンさんは、ちょうどショップを訪れた時に外出中で、聞けば「エルメス」の活け込みに行ってらっしゃるとか。「エルメス」のデコレーションはいつも素敵！　と思っていて、ブティックの方にお願いして写真を撮らせていただいたこともあったのですが、エリックさんのお花だったんですね！　クラシックが流れる店内は、いたるところに置かれたスタンドライトの照明が効果的で、丈の長い枝物とお花を美しく浮かび上がらせています。ディスプレイされたお花はきれいに高さが揃えられて、まるで完成された花束のよう。ぜひ訪れたいフルリストです。

ブーケを作るエリックさん(左上)。
スミレの花束はハートの形(左中)。

同じ並びにある
生ハムのお店。

34

アジサイとグリーンをナチュラルにアレンジ。

2日目
ホテルの花を見よう
シャンゼリゼ、凱旋門、イエナ

Champs-Elysées, Arc de Triomphe, Iéna

右岸のブティック巡りはちょっとおしゃれして行きたい場所。
駆け足で廻ったサンジェルマン・デ・プレとは対照的に、ゆっくりと時間をかけたいエリアです。
フォーシーズンズ・ホテル・ジョルジュ・サンクでは、生のピアノ演奏を聞きながらお茶をいただいたりします。

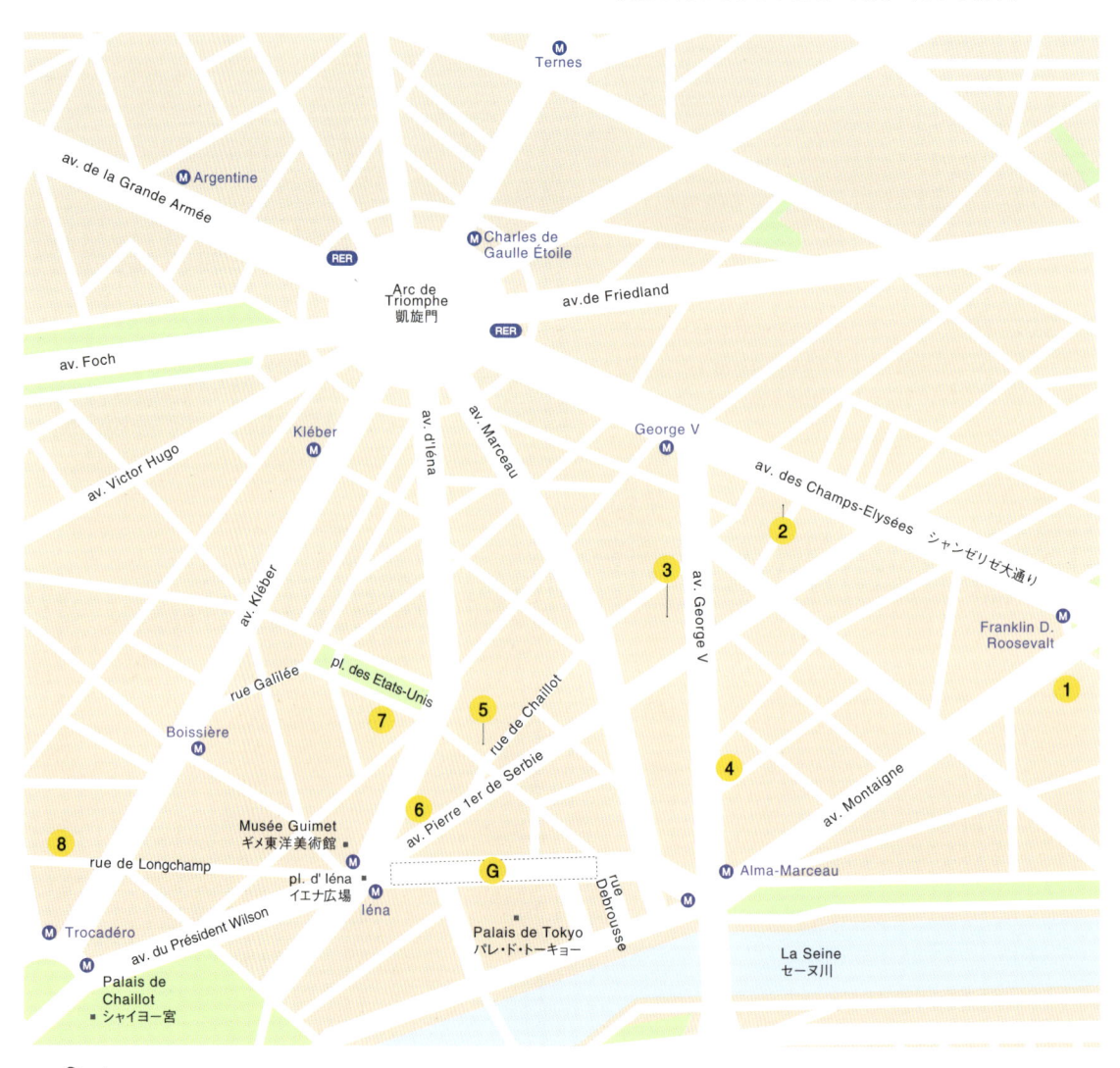

1. *D. Porthault*　D・ポルトー —— p38
2. *Ladurée*　ラデュレ —— p40
3. *Four Seasons Hotel George V*　フォーシーズンス・ホテル・ジョルジュ・サンク —— p42
4. *Sébastien Mengozzi*　セバスチャン・マンゴッツィ —— p44
5. *Claude QuinQuand*　クロード・カンコー —— p45
6. *Noël*　ノエル —— p46
7. *Maison Baccarat*　メゾン・バカラ —— p47
8. *Laurent Deschamps*　ローラン・デシャン —— p48
G. *Marché Président Wilson*　マルシェ・プレジダン・ウィルソン —— p75

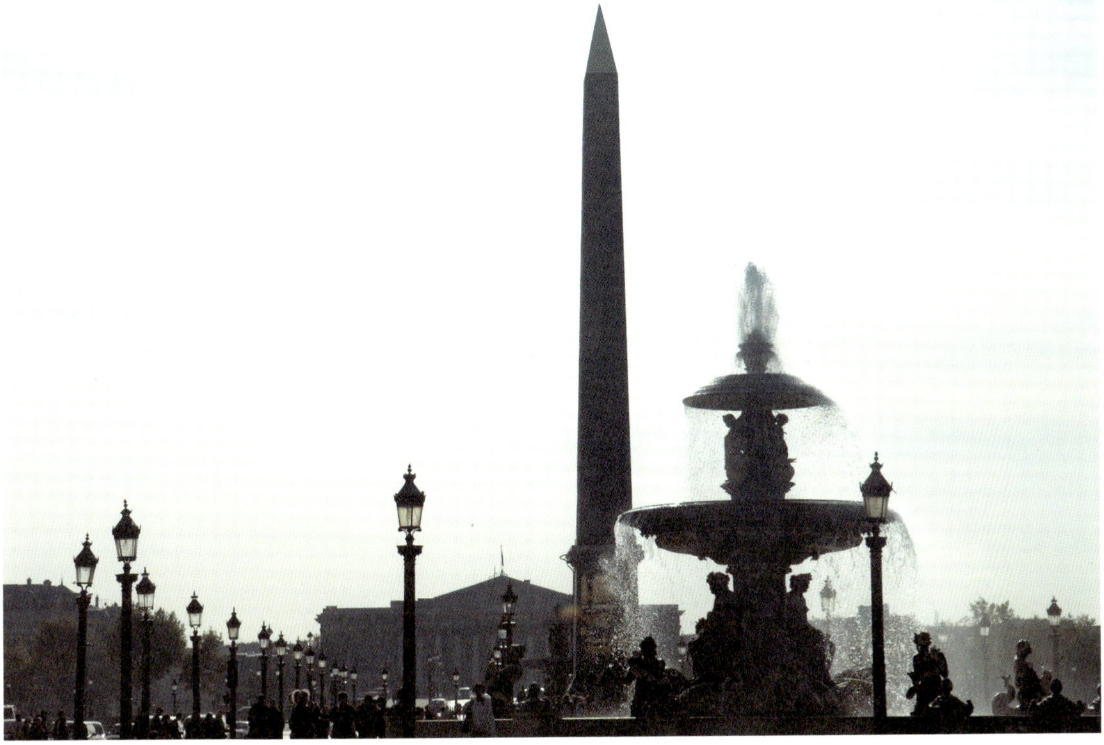

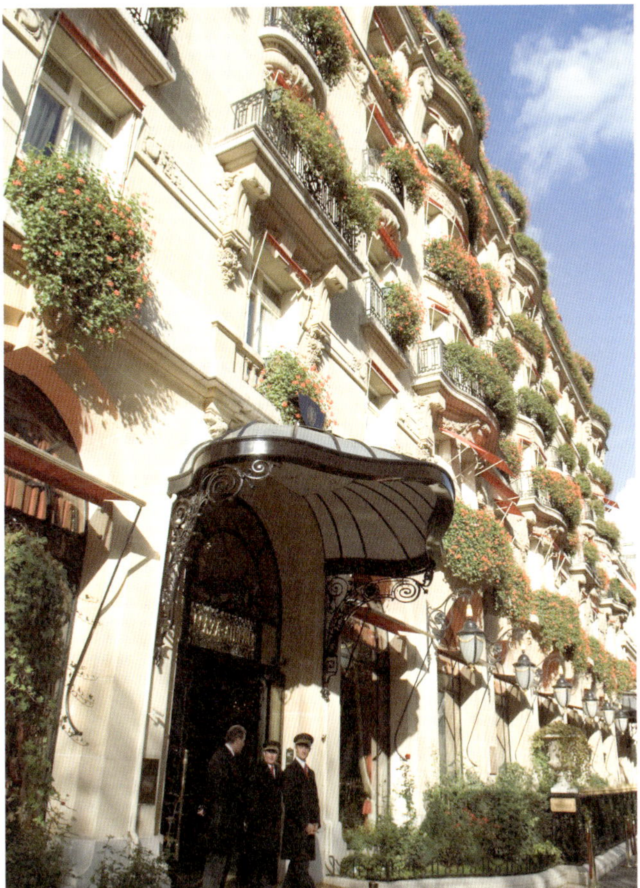

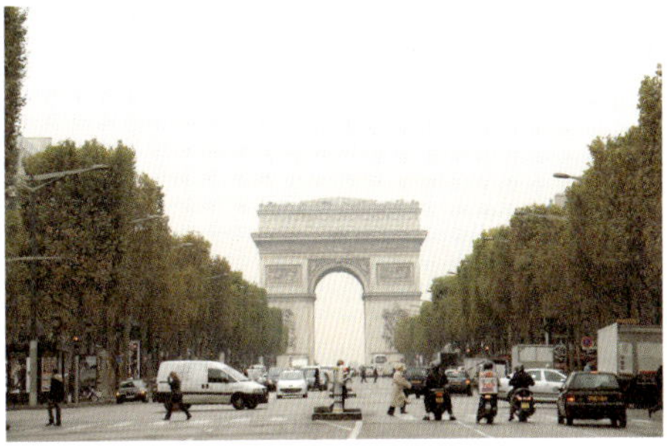

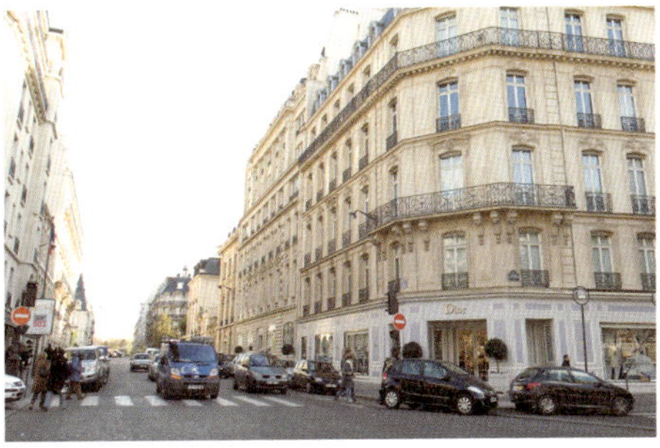

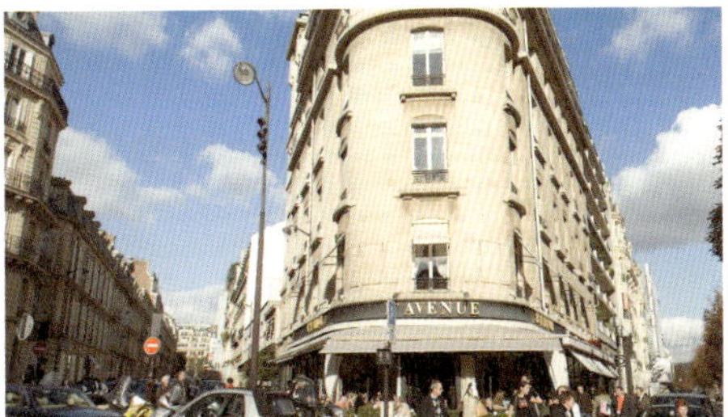
AVENUE

D. Porthault

D・ポルトー

50, avenue Montaigne 75008 Paris
Tél.01-47-20-75-25
月〜土 10:00〜19:00　日・祭休
www.dporthault.fr/
地図 p36 ①

2日目

リネン界の大御所。プリント柄は数百種

2006年秋に移転した新ブティックがここ。2フロアの広い空間にエレガントな雰囲気が漂っています。エリゼ宮やホワイトハウスでも使われているプリントがメインのリネンショップで、ピンク、ブルー、グリーンのハートやクローバー柄のタオルや小物は見たことがある方も多いはず！ ハートとクローバー柄に目がない私は、ポーチを愛用したり、愛車のトランクにクローバー柄のトレイを載せたりと楽しんでいます。リネンがしまわれた引き出しを開けると夢の世界が広がり、思わずためいきが…。

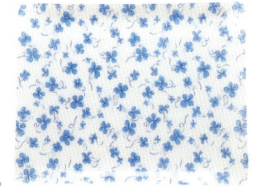

愛用中のトレイも
クローバー柄です。

ベッドリネンが入れられた引き出しには美しいリネンの数々が（左）。定番のハート柄（右上）。同じ柄の食器類も豊富（右下）。

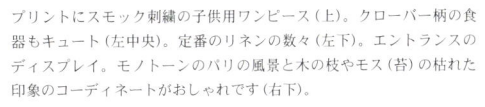

プリントにスモック刺繍の子供用ワンピース（上）。クローバー柄の食器もキュート（左中央）。定番のリネンの数々（左下）。エントランスのディスプレイ。モノトーンのパリの風景と木の枝やモス（苔）の枯れた印象のコーディネートがおしゃれです（右下）。

Ladurée

ラデュレ

75, avenue des Champs-Elysées 75008 Paris
Tél.01-40-75-08-75
ショップ 月〜金 7:30〜23:00
土 7:30〜00:00　日 7:30〜22:00
レストラン 月〜木 7:30〜23:30
金 7:30〜00:30　土 8:30〜00:30
日・祭 8:30〜23:30
祭日前日 7:30〜00:30
www.laduree.fr
地図 p36 ②

シャンゼリゼのサロン・ド・テで マドモワゼル気分に

「ラデュレ」と言えばマカロン、マカロンと言えば「ラデュレ」。マカロンの種類は、ショコラ、モカ、ピスタチオ、フランボワーズ、シトロンなどなど10数種。8個〜数10個入る箱は、「エルメス」の箱と同じところで作られているそうで、お店のシンボルカラーであるミントグリーンの箱以外に、パステルの迷彩柄やトリコロールの箱など、毎月新作が出るのだとか。箱だけでも欲しい！サロン・ド・テでのお薦めは、朝食のパン・ペルデュ、いわゆるフレンチトーストですが、フワッとしたパンのや

マカロンとオリジナルのボックスの数々（上）。
必ずいただくモンブラン。お店に入ると同時に必ずモンブランの数を確認します。1〜2個しかないと焦ってしまう（左下）。リンゴのタルトもおいしそう！（右下）

わらかさとメープルシロップのほのかなお味は絶品です。ランチメニューでは、サラダやサンドイッチが美味！ そして、ゼッタイに欠かせないのはモンブラン。時間帯によっては売り切れのこともあり、その場合は、しつこく滞在中に再チャレンジします。マドレーヌ寺院近くのロワイヤル店は「ラデュレ」の本店で、昔ながらの雰囲気が味わえ、一方、サンジェルマン・デ・プレ店はシノワズリーのインテリアが素敵。人数が多い時や夜遅いお食事にはシャンゼリゼ店を、またその日の予定に合わせて右岸、左岸のお店を使い分けています。

ロワイヤル店
16, rue Royale 75008 Paris　Tél.01-42-60-21-79
月〜木8:30〜19:30　金・土8:30〜20:00　日・祭10:00〜19:00
地図p52 (H)

サンジェルマン・デ・プレ店
21, rue Bonaparte 75006 Paris　Tél.01-44-07-64-87
月〜金8:30〜19:30　土8:30〜20:30　日・祭10:00〜19:30
（チョコレートコーナーは、10:00〜19:00）　地図p11 (E)

これが一押しのパン・ペルデュ（フレンチトースト）です。ゼッタイ食べてみて！(左上) スモークサーモンのサンドイッチも美味しい(右上)。2階の店内(下)。

Four Seasons Hotel George V

フォーシーズンス・ホテル・ジョルジュ・サンク

31, avenue George V 75008 Paris
Tél.01-49-52-70-00
www.fourseasons.com
地図p36 ③

2日目

モダンなアレンジは必見！

どんなに時間がなくても、食べたいものをガマンしても（これはウソ！）パリ滞在中、一度はこのホテルのお花を見に立ち寄ります。「常宿です」と言えないのは残念ですが。

エントランスや、サロンへと続く通路のデコレーションは圧巻です。うまくいけば、滞在の最初と最後に異なるディスプレイが見られることも。デザイナーはご存知ジェフ・リーサム氏。以前、花業界の王子こと株式会社花弘の細沼光則さんに紹介して頂いたことがありますが、とてもフレンドリーな方でした。

お花を見るだけでは申し訳ないので、右手奥のサロンでお茶を！　午後にはピアノの生演奏があり、必ずベートーベンのピアノソナタをリクエストしています。

束ねた花の茎を器の内側で固定するスタイルが定番。ロビーや中庭をのぞむ通路、そして二ツ星レストラン「Le Cinq（ル・サンク）」にも。中庭にはトピアリーとパンダが（左ページ上）。

Sébastien Mengozzi

セバスチャン・マンゴッツィ

16, avenue George V 75008 Paris
Tél.01-40-70-06-01
月〜土 9:00〜20:00
日・祭休
地図p36 ④

2日目

フォーシーズンズ・ホテル界隈のフルリスト

フォーシーズンズ・ホテルの目と鼻の先にあるフルリスト。蔦のからまるショップの外壁が人目を惹きます。メタルで出来たアイビーの葉がアクセントになったショップの看板が素敵。ショップの中は、天井まで届かんばかりの枝物に鮮やかな色の花々。そして器の種類も豊富です。撮影中に「何かお花を持って…」とお願いしたらピンクのアジサイを抱えて下さったセバスチャンさん。モンテーニュ通りまで至近のこの地にお店を構え、顧客にはそうそうたるセレブが…、そのオーナーとあれば、スノッブで近寄りがたい方かと思いきや、「コーヒーでもどう？」と気さくに声をかけて下さり、大感激！ そのお人柄そのものの温かさがある素敵なフルリストです。

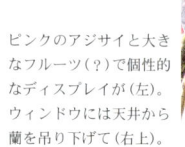

ピンクのアジサイと大きなフルーツ（？）で個性的なディスプレイ（左）。ウィンドウには天井から蘭を吊り下げて（右上）。

メタルで出来たアイビーの飾りが素敵（右中）。気さくなセバスチャンさんと（右下）。

Claude QuinQuaud

クロード・カンコー

15, rue de Chaillot 75116 Paris
Tél.01-47-20-24-25
月〜金 9:00 〜 20:00
土 10:30 〜 20:00
日・祭休
www.claude-quinquaud.com
地図 p36 ⑤

日本でもプリザーブドフラワーのブランドを展開

オーナーのセドリック&エマ・トゥネリエ夫妻は日本にも住んでいたことのある親日家。今でも年に数回来日します。日本では、ザ・リッツ・カールトンホテル 東京やフォーシーズンズ・ホテル 椿山荘東京、ホテルインターコンチネンタル 東京ベイと世界に名立たるホテルに営業所のある株式会社花弘と、プリザーブドフラワーのブランドを展開し、首都圏、関西、九州と今や8店舗。私も仕事&プライベートとお世話になっています。(お世話しています!)

パリのお店ではダイナミックでリッチなアレンジメントやブーケが持ち味。16区という場所柄、器を持ち込んでアレンジを依頼するお客様も多いそう。

大きな葉にはショップカードを(左上)。真剣な表情でアレンジを作るセドリック。素顔はカラオケ好きのお茶目なフランス人です(右上)。オークションの会場に飾られるというアレンジメント(左下)。クロード・カンコースタイルのラッピングが素敵。日本語が上手なエマ(右下)。

Noël
ノエル

2日目

1, avenue Pierre 1er de Serbie 75116 Paris
Tél.01-40-70-14-63
月〜土 10:30〜19:00　日・祭休
www.noel-paris.com
地図 p36 ⑥

高級リネンのブティック

高級リネンと刺繡の超有名店。このブティックの刺繡の美しさには言葉を失うほど。本当にうっとりとしてしまいます。ミモザなどのお花が刺繡されたテーブルクロスやベッドリネンのほか、お茶目なマカロン柄やベビー用の柄など、様々なパターン一つ一つに施された手仕事の美しさを見ることが出来ます。何と13000種類のデザインを保有しているとか。高級住宅街16区にふさわしい雰囲気のブティックは入るのに少々勇気が必要。でも、マダムはとても親切です。初めてパリに行った時にこのお店を訪れて、「大人のパリ」を実感したブティック。こういうお店に背筋を伸ばして入り、拙いながらもフランス語を話してお買い物することが私の目標！かな。

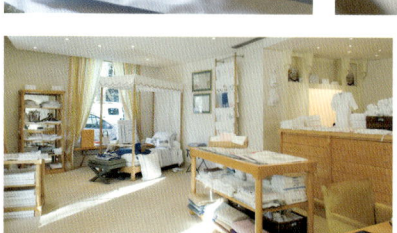

美しい刺繡のクッション、ピローケース、ランチョンマットなど。特に手刺繡の美しさは圧巻です。

Maison Baccarat
メゾン・バカラ

11, place des Etats-Unis 75116 Paris
Tél.01-40-22-11-10
美術館 月〜土 10:00〜18:00
ブティック 月〜土 10:30〜20:00
日・祭休
www.baccarat.fr
地図 p36 ⑦

美しいものに触れるなら

18世紀の貴族の館がフィリップ・スタルクの手によって生まれ変わったご存知「バカラ」のブティック。商品がディスプレイされた空間は、一瞬、美術館かと見紛うほど。美しいものに触れ、心が洗われるような空間です。また、黒いクリスタルや、回廊に並ぶシャンデリアの数々は息をのむほどの美しさで、天井を見上げて思わず立ち止まる人も。2階へと続く階段もゴージャスな雰囲気で、美術館とレストランがあります。お化粧室の中も「バカラです！」という感じ。レストランのディナーの予約はなかなか難しいのですが、せめてランチだけでも…。

まるで美術館のような店内（右）。2階へと続く吹き抜けのシャンデリアは息をのむほど（左上）。レストランはモダンな印象（左下）。

Laurent Deschamps
ローラン・デシャン

60, rue de Longchamp 75116 Paris
Tél.01-45-05-10-21
月・火・木・金 9:00～19:00
水・土 10:00～19:00
日・祭休
地図p36 ⑧

2日目

16区のフルリストをもう1軒

以前、細沼さんから「今、注目のフルリストだよ」と教えてもらったお店。ピンクパープルの外観が人目を惹きます。その色に合わせて、ショップの正面にはピンクのお花のディスプレイ。天井を見上げると同じピンクパープルのシャンデリアが。聞けば、ローランさん自らがコードロープの色を選んで巻きつけて作ったのだとか。地下に下りる階段の壁にはアーティフィシャルの葉を貼り付けたフレームがあり、彼のアイデアが散りばめられたショップです。ローランさんは、その昔、凱旋門近くにあったアーティスティックなフルリスト「ピエール・ド・クレール」出身。初めてパリを訪れた時にこのフルリストを尋ね当て、造形的なフローラルアートに驚いたことを昨日のことのように思い出します。日本人スタッフの唐下(とうげ)真由子さんが熱く語って下さったローランさんの魅力。私にも十分伝わりましたよ！

ピンクのお花とパープルの壁が程好くマッチしたディスプレイが印象的（上）。シクラメンやシャクヤクはニュージーランド産のものだそう。

「私のイメージで…」とお願いして作っていただいたブーケ（下）。ピンクのアジサイ、バラ、ラナンキュラスと私の大好きなピンクの濃淡のお花にアルケミラモリスやフォーティニアと呼ばれるワインレッドの葉がアクセントとなった花束。ラッピングもお花に合わせて紙を2枚重ねにし、ショップカードを。

パリで買ったものでアレンジ

パリ式花束のラッピング

麦柄のリボン

パリ式というより、16区のフルリスト「クロード・カンコー(p45)」式のラッピングがこのスタイル。2枚重ねの紙を内側に折り込み枠を作れば、まるでアートフレームのよう。花束というアートが美しく映えるラッピング方法です。セロファンはお花の厚みに合わせてふわりとさせるのがポイント。また、お花の色に合わせ、2色の紙を重ねて使います。パリではこのようなラッピングの時や葉を2つ折りする時などにホッチキスをよく使いますが、今回は両面テープを使用しました。麦をふんだんに使いアジサイと共に束ねたブーケには、パリで買った麦柄のリボンを。

パリで買ったもの：麦柄のリボン
花材：アジサイ、ムギ
その他の資材：ラッピングペーパー（ライムグリーン、ブラウン）、セロファン、両面テープ

パリ旅行の持ち物

雑貨好きとしてはずせない持ち物は、現地で購入した物を壊れないように上手に持ち帰るための道具…セロハンテープ、ガムテープ、紐、エアパッキン、そしてハサミなど。とはいえ荷物は増やしたくないもの。テープ類は出来るだけ小さな巻きを選ぶようにしましょう。また、プラスチックのフォークやスプーンも必ず持って行き、テイクアウトしたお菓子をホテルでいただく時に使います。外食で胃が疲れ、クロワッサンやお惣菜を買ってホテルのお部屋でいただく時にも便利。ルームサービスがないプチホテルなどに滞在する場合は湯沸しポットを持って行くことも。意外に忘れ易いのはお部屋用のスリッパです。そして、傘もお忘れなく！また冬の旅にはカイロを。現地では手に入らないカイロは余ったら、ホテルのスタッフに差し上げるととても驚かれ、そして喜ばれます。

3日目
マダムも憧れるパリの雑貨を買おう
マドレーヌ、オペラ、サントノーレ

Madeleine, Opéra, Saint Honoré

シャンゼリゼと並んでショッピングが楽しいエリア。特にサントノーレ界隈を歩いていると素敵なマダムに出会えます。3日目もオシャレをしてショップクルージングを楽しみましょう！

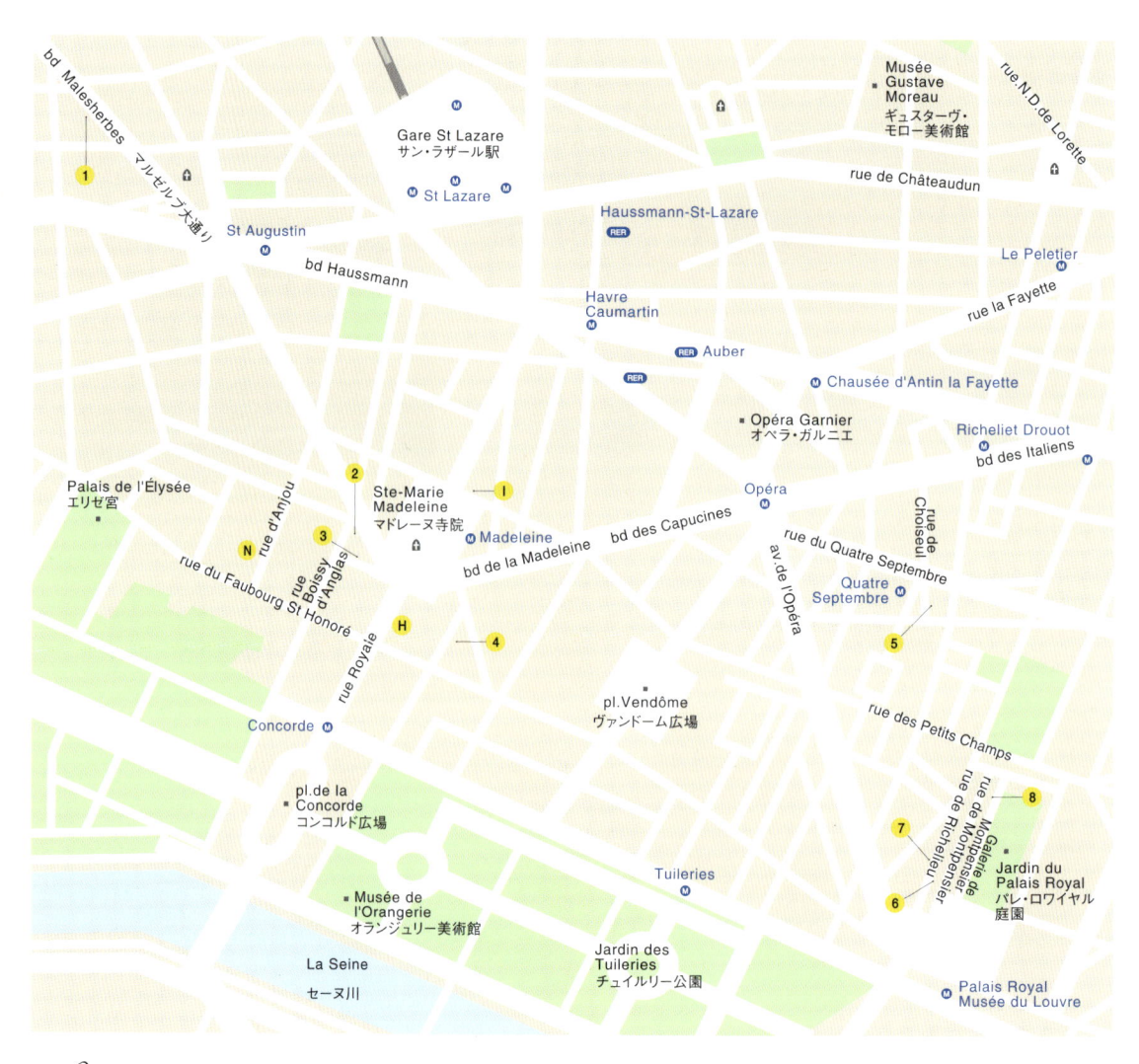

1	*Benneton* ベヌトン	p53
2	*Sia* シア	p54
3	*Rosemarie Schulz* ローズマリー・シュルツ	p55
4	*Le Jacquard Français* ル・ジャカール・フランセ	p56
5	*Ultramod* ウルトラモード	p57
6	*Le Facteur n'est pas Passé* ル・ファクトゥール・ネ・パ・パセ	p58
7	*Stéphane Chapelle* ステファン・シャペル	p57
8	*Maison de Vacances* メゾン・ド・ヴァカンス	p59
H	*Ladurée* ラデュレ ロワイヤル店	p41
I	*Fauchon* フォション	p91
N	*Tradition Renouée* トラディション・ルヌエ（ル・プランス・デュ・シュッド）	p14

Benneton
ベヌトン

75, boulevard Malesherbes 75008 Paris
Tél.01-43-87-57-39
月〜金 9:00〜18:15　土 9:00〜12:00
日・祭休
www.bennetongraveur.com
地図p52①

美しいカードやレターセットのブティック

初めてパリに行った時にホテルリッツで買ったカードセット。チェリーの柄がかわいくて、最後の1セットはずっと使えずにいました。帯封には「Benneton」の文字と住所が。その後、住所を頼りに訪ねて行った時に、お店の雰囲気に一瞬たじろいだことを覚えています。マダムに英語で話しかけたところ、英語の出来る店員さんが応対して下さいました。その時、きちんとフランス語を話せるようになって、このマダムとお話出来たらと思ったのですが…。このお店の刻印の厚みや美しさは感動もの！ガイドブック初登場（？）のはずです（自信満々！）。素敵なブルーの箱に同じ柄の封筒とカードが入っていますが、いつも数種類買って中身を替えてプレゼントしています。

「ルイ・ヴィトン」の名刺もベヌトン製（左下）。カードのサンプル帳（右下）

Sia

シア

3-5, boulevard Malesherbes 75008 Paris
Tél.01-42-66-11-73
月～土 10:00～19:00　日・祭休
www.sia-homefashion.com
地図 p52 ②

3日目

質の高いアーティフィシャルフラワーと雑貨の数々

インテリアグッズの名店。日本のデパートにも入っていますが、どちらかというと日本ではアーティフィシャルフラワーの取り扱いがメインのような。パリの本店は、テーブル周りの小物や食器、花器などホームアクセサリーが多数見られます。それらを使ったディスプレイも魅力的！ 以前、大量に買ったアーティフィシャルフラワーにフレグランススプレーをかけてくれてビックリ！ 香りを長く楽しむことが出来るそのアイデアに感激しました。

色別にディスプレイされたアーティフィシャルフラワーはインテリア小物とともにディスプレイされてあり、コーディネートのヒントに (上)(左下)。フレグランススプレーはアーティフィシャルフラワーに (右下)。

Rosemarie Schulz
ローズマリー・シュルツ

30, rue Boissy d'Anglas
(galerie de la Madeleine) 75008 Paris
Tél.01-40-17-06-61
月〜土 10:30〜19:00　日・祭休
shop.rosemarie-schulz.fr
地図 p52 ③

プリザーブドフラワーとファブリックの専門店

プリザーブドフラワーと個性的なファブリックのブティック。ドイツのハイデルベルクに本店があるのだとか。ブティックがあるところは、パッサージュと呼ばれるアーケードの中。パリには昔ながらのパッサージュが何ヶ所かあります。プリザーブドフラワーは、1種類のお花をぎっしりとアレンジしたゴージャスな印象。器も素敵なものばかり。また葉やシナモンが貼られた器はなかなかのアイデアです。ファブリックはフランスのみならずイタリアなどからも集められ、美しいものがたくさん！ 以前、50％オフのソルドで買い求めたオーガンジーにクローバー柄のテーブルランナーを愛用しています。お花の形のショップカードは、かわいさNo.1！

バラの形をしたショップカードはショッピングバッグにつけて (左上)。プリザーブドフラワーの数々 (左中、左下、右下)。凝った装飾のファブリックはテーブルコーディネートに、そしてショールとしても使えそう (右上)。

Le Jacquard Français
ル・ジャカール・フランセ

12, rue du Chevalier de Saint-Georges
 (ancienne rue Richepanse) 75001 Paris
Tél.01-42-97-40-49
月〜土 10:00〜19:00　日・祭休
www.le-jacquard-francais.fr
地図 p52 ④

3日目

ジャガード織の専門店。
毎年発表される新作には流行のモチーフが。

ジャガード織と鮮やかな色合わせが特徴的なリネンのブランド。テーブルクロスやランチョンマット、ナプキン、エプロンなど、流行のモチーフを盛り込んだ毎年発表される新作は本当に楽しみです。「こんな組み合わせあり?!」と思う色と色をセンス良く合わせているのも、このブティックならでは。（私のフラワーデザインの色合わせは大胆と言われますが、足元にも及びません！）「色」を学べる貴重なブティックです。

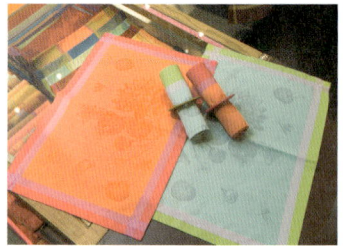

テーブルクロス（左）、ティータオル（右下）の数々。ランチョンマット（右中）は、8色のナプキンリング、ナイフレスト（右上）とコーディネートして。

56

Ultramod
ウルトラモード

3/4, rue de Choiseul
75002 Paris
Tél.01-42-96-98-30
月〜金 10:00〜18:00
土・日・祭休
地図p52 ⑤

手芸専門店

19世紀のパリにタイムスリップしたようなショップ。道を隔てて2店舗あり、初めて訪れた時、帽子の材料がメインのショップにしか気付かず、リボンを買うことが出来なかったという苦い思い出があります。扱われているリボンは、無地の色のヴァリエーションが圧巻。柄物もデッドストックの貴重なリボンが見られます。

ボタンの種類も豊富。デッドストックの貴重なリボンとともにじっくりと探したい。

Stéphane Chapelle
ステファン・シャペル

29, rue de Richelieu 75001 Paris
Tél.01-42-60-65-66
月〜金9:00〜20:00　土9:00〜14:00　日・祭休
地図p52 ⑦

パレ・ロワイヤル近くの人気フルリスト

「ル・ファクトゥール・ネ・パ・パセ(p58)」の斜め向かいにあるフルリスト。すっきりとした外観の印象そのままに、ショップの中も不思議な統一感が。それは、ディスプレイの什器によるのでしょうか。聞けば、ステファンさんの手作りだとか。店内のお花は、まるでショップディスプレイのような完成度。デコレーターとしても活躍をするステファンさんならではでしょう。彼も「ピエール・ド・クレール」出身で、今は亡きピエールさんの教えは、「その人の大きさで花あしらいも決まる」と、以前、パリのフルリストの本で読んだことがありますが、常に胸に刻みたい一言です。

すっきりとした印象の店内。手作りとは思えない什器が素敵です。

Le Facteur n'est pas Passé

ル・ファクトゥール・ネ・パ・パセ

26, rue de Richelieu 75001 Paris
Tél.01-42-61-11-22
火～金 11:00～19:00　土 14:30～19:00
日・月・祭休
www.lefacteurnestpaspasse.com
地図p52 ⑥

3日目

素敵なマダムがオーナーの雑貨セレクトショップ

たまたま通りかかって見つけたお店。素敵なマダムが厳選したかわいい雑貨がたくさん！で、ついつい長居してしまいます。その種類はと言えば、カード類に始まり、ノート、アルバム、そして食器、アクセサリー、クッション、ぬいぐるみetc.etc.。最近、パリでは部屋の壁やブティックのウィンドウ、そして自動車にも、蝶やお花のアートステッカーが貼られているのをよく見かけますが、こちらのショップにはそのステッカー類が豊富。今回は、エッフェル塔のステッカーを購入しました。

マダムセレクトのかわいい小物があふれた店内。
マダムのショール使いも素敵！

Maison de Vacances
メゾン・ド・ヴァカンス

63-64, galerie de Montpensier 75001 Paris
Tél.01-47-03-99-74
月〜土 11:00〜14:00、14:30〜19:00
日・祭休
www.maisondevacances.com
地図 p52 ⑧

パレ・ロワイヤルの回廊にある
インテリアブティック

ある時、撮影の仕事で代官山に行き、車を停めた近くにあったインテリアショップ。そこで見た LOVE の文字がアップリケされたクッションに一目ぼれしました。残念ながら開店前で、その日は買うことが出来なかったのですが、何と、パリでまた出合ったのがここ。もちろん迷わず購入しました！ 文字の色合わせは数種あり、パリらしくおしゃれ！ 最近気になっているのは、ふわふわのファーで出来た湯たんぽ入れと室内履きです。

同じデザインを色違いで展開。気になるのは、やはり LOVE の文字使いとファーのグッズ。

パリで買ったものでアレンジ

パリのキャンドルを使って

クローバー柄のキャンドル　　蝶が下がったキャンドル

メゾン&オブジェ (p86) で必ず覗くキャンドル会社が「St Denis & Fils (サンドニ・エ・フィス) (p88)」。私の好きな、クローバーや、蝶、ハートのモチーフのキャンドルはどれもこれも魅力的！ 毎回新作をふんだんに使ったディスプレイは見逃せません。このクローバーは、火を灯して溶けていくキャンドルの内側部分を隠す役目もはたします。クローバーの色だけでもこんなにたくさんの種類が (中央左3つ)！ 蝶が下がったキャンドルも素敵でしょう？ (中央右) (でも、火を灯すとなると蝶を下げた芯を切らなければならないのですが…。) アレンジメントの器はベネチアングラスのケーキスタンドを利用しました。

パリで買ったもの：クローバー柄のキャンドル
花材：アマリリス (エメラルド)、バラ (フィオナ、アンネマリー)、ヒアシンス、エピデンドラム
その他の資材：花器、フローラルフォーム

60

パリ旅行の服装

旅行する季節のパリの気温を参考にして持っていく服装を決めると良いでしょう。ただし、夏でも朝夕、涼しくなりますので羽織るものを。また、冬の旅行には防寒対策をしっかりと。歩き廻ることを考えて、歩き易い靴を持参すると良いですが、高級ホテルやブランド店に行く際にはそれなりの服装を。やはり…スタッフの方の対応が違うように思います。私の荷物はいつも「これだけ？」と驚かれるほど。その秘訣は…お洋服のコーディネートをあらかじめ決めて、メモしておくこと。手帳にお洋服の絵を書き、合わせる小物も書き込みます。同じボトムスは2度3度と登場させ、トップスを変えれば、毎日違う服装をしているという印象間違いなし！さらにショールやアクセサリーで変化させればディナーにも対応出来ます。

洋服の
コーディネートを
描いた手帳

行きの荷物　　　帰りの荷物

荷物について

パリ旅行の最後にいつも頭を悩ませるのは荷物。フラワーデザイン用の資材が相当な量になります。重いけれど割れたりしないものはスーツケースに、そして割れ物は機内持ち込みにしますが、この時点で超過は必至！持ち帰りのことを考えて購入を断念したことも度々です。ところが最近、クロネコヤマトの国際宅急便があることを知りました。何と言っても日本語で手続きが出来、また、荷物をホテルまで取りに来てくれるという便利さ。航空便or船便を選べるシステムで、料金も航空会社の超過料金より割安です。これでもうお買い物を諦めなくて済みます。

クロネコヤマトの国際宅急便
欧州ヤマト運輸（株）　パリ市内支店　国際宅急便部
Yamato Transport Europe B.V.
21, rue d'Argenteuil 75001 Paris
Tél.01-42-97-58-99
月～金 9:00～17:00　土 10:00～15:00　日・祭休

4日目
雑貨やおしゃれ小物を探そう
ランジス市場、16区

Marché de Rungis, 16e arrondissement

今日はちょっと足を延ばしてランジスへ。パリの南、パリ・オルリー空港近くにあるランジス市場は、とにかく広い！花市場がもちろんメインですが、時間があったらぜひ、フルーツや野菜部門へ。フットワーク良く歩き廻れるスタイルでいざ！そして、市場から戻ったら、ちょっとおしゃれして16区の名店へ。

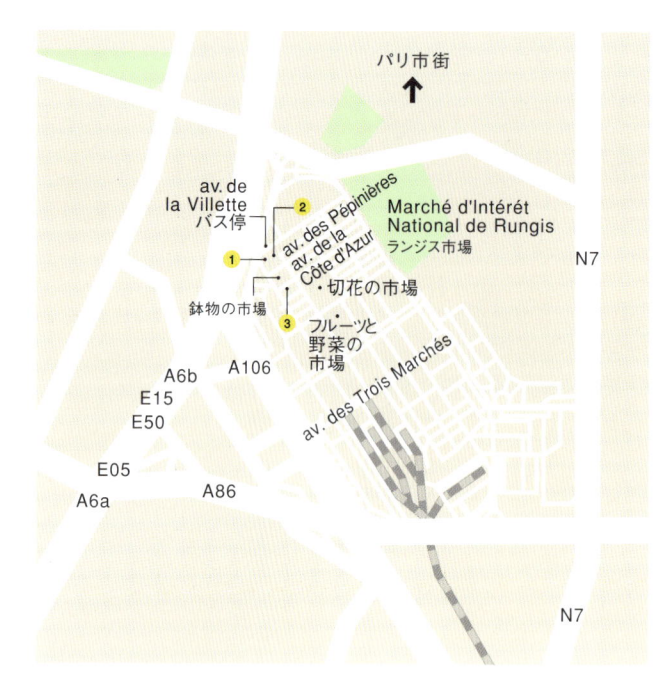

ランジスへのアクセス

フランスの、というよりヨーロッパの台所と言われるランジス市場。232ヘクタールもの敷地に、お花のみならず、肉、魚、野菜、果物、乳製品とありとあらゆる市場が集まっています。その広さは、タクシーの運転手さんでさえ右往左往してしまうほど。帰りのタクシーが拾えずに小1時間彷徨ったり、はたまた、雪の中を徘徊したりと数度の失敗、学習を繰り返して得たランジスへのアクセスのとっておきの情報！をご紹介します。

A ランジス市場　パリ郊外

1. *Mat-Flor* マット・フロール —— p64
2. *Feuillazur* フイヤジュール —— p66
3. *Renaud* ルノー —— p67

メトロ、バスを利用してカンタンに行く方法は…

メトロ4、6番線　Denfert Rochereau下車。出口を出て、RER(エール・ウー・エール)の駅の方に行き、駅を正面に見た左手にある216番のバス停から乗車。バスの中にある路線図と途中のバス停にあるバス停名をチェック！しつつ、ランジスに入ったら、Avenue de la Villetteで下車。そのバス停が、ここで紹介する資材店の裏手になります。歩くことわずか1分！

バスの終点はランジス市場の中心ですが、終点まで行ってしまうと花部門まで10分以上歩くことになりますので、要注意！

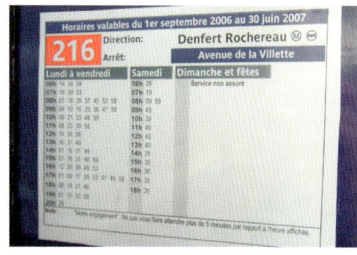

まずは、花市場へ

バス停際にある資材店の裏側から表に回ると見えてくるのが、お花の看板。そこがランジスの花部門です。まずは、こちらの見学からスタート。数10の中卸店がそれぞれに趣向を凝らし、花材をディスプレイしています。営業時間は概ね4〜14時頃。ランジス市場は、業者のための市場なので、実際に花を購入することは出来ず、購入する場合は、プロカードを持った専門家の同伴が必要です。確実な方法は、プロのフルリストに同行するか、日本から現地在住のフルリストが主催するランジス市場見学ツアーなどに申し込むと良いでしょう。ただ、日本にはないお花の種類を見たり、市場の雰囲気に触れたりするだけでも、価値は十分。時間があったら、お隣の棟の野菜やフルーツも見てみて。黒い大根や様々なフルーツは必見です。写真を撮らせていただく時には、ぜひ、一声かけて。フランス語がわからなくても、カメラを見せて笑顔で「OK?」と聞けば必ず答えてくれます。

お花の看板が目印。

数10の中卸店がそれぞれに趣向を凝らしてディスプレイ。必ずチェックする2店は「Antoine Malapert(アントワーヌ・マラペール)」(上、右下)「Paul Michel(ポール・ミッシェル)」(左下)。

Mat-Flor
マット・フロール

182, avenue des Pépinières,
Fleurs 500, 94648 Rungis
Tél.01-46-86-57-19

月 8:00～16:30　火 6:00～16:30
水 8:00～16:00　木 5:30～16:30
金 6:30～16:00
土・日・祭休
www.matflor.com
地図 p62 ①

4日目

資材の種類は圧巻！

ランジスの資材屋さんと言えばここ！2フロアに所狭しと資材がディスプレイされています。

1階には、ブリキやバスケットなどの器類、リボン、アーティフィシャルのフルーツ、蝶などのオーナメント類、そしてリボン、フローラルフォーム、テープ、ハサミなどの資材類が。そして、2階にはオリジナルのブランド「Coming B（カミングB）」のコーナーがあり、色鮮やかでキッチュなオーナメントやホームアクセサリーが素敵です。それらを使ったコーディネートを提案したスペースがあり、そのパリらしい色使いやアイデアは必見！アーティフィシャルフラワーやキャンドル類も豊富です。

ただ、このお店はプロ向けのため、購入にはランジス市場発行のプロカードが必要です。確実な方法は、プロのフルリストに同行するかフルリスト主催の見学ツアーに申し込むと良いでしょう。

リボン、オーナメント、アーティフィシャルフラワー、バスケットが所狭しと陳列された店内（右上）。商品を使ったディスプレイはコーディネートの参考に（左）。

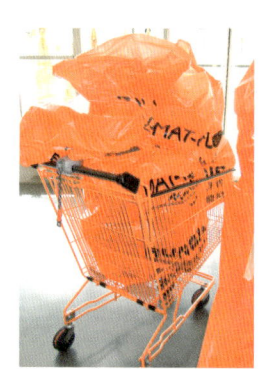

カートの中はいつもこんな風にいっぱい。

パリで買ったものでアレンジ

オリエンタルなオーナメントを使って

オーナメント（左の2つが蘭、右の2つが時計草）

ランジスの資材店「マット・フロール (p64)」のオリジナルブランド「カミングB」。毎回必ずチェックするのがガーランド状になったオーナメント類で、この蘭の形のオーナメントは最新作で、オレンジは色違い。ほかに、私の大好きな時計草 (パッションフルーツ) のオーナメントはピンクとパープル、とこちらも好みの色合い！ 以前「花時間」のクリスマスリース特集で、スタイリッシュなリースとしてタニワタリで覆ったオーバル型のリースにパープルのバンダをアレンジしたリースを作りましたが、その時にもガーランド状にパープルの蝶が付いた物を使いました。いずれもフランス人が好むオリエンタルなイメージのアレンジメントには欠かせないオーナメントです。オリエンタル調のバスケットは、蘭づくしのアレンジメントに、そして「ラリック」のグラスにも蘭 (モカラ) を浮かべて。

パリで買ったもの：蘭のオーナメント
花材：エピデンドラム、モカラ
その他の資材：バスケット、フローラルフォーム、ビニールシート、グラス、テーブルクロス

Feuillazur
フイヤジュール

178, avenue des Pépinières, Fleurs 488, 94648 Rungis
Tél.01-46-86-90-20

月、水 6:30～17:30　火 6:00～17:30
木 5:00～17:30　金 7:00～17:30
土 7:00～13:00

7、8月は月～金までいずれも 16 時閉店。土曜は 13 時まで。
日・祭休
www.feuillazur.com
地図 p62 ②

「マット・フロール (p64)」のお隣にある資材店。お店とは微妙に異なる商品群が見られます。特筆すべきはアーティフィシャルフラワーの種類でしょうか。色別にディスプレイされたその棚は一瞬たじろいでしまうほどの分量ですが、ぜひ、じっくりと見てみて！ いつも、日本にはないものを探すのに私の目は血眼です。支払いの際、伝票を書くために名前を聞かれますので名刺を提示。名刺がなければ、ペンを持って字を書くジェスチャーをすれば、伝票を渡してくれますので、自分で記入を。ただし、こちらもプロ向けのお店ということはお忘れなく。

4日目

特にアーティフィシャルフラワーの種類が豊富な「フイヤジュール」。もちろんリボンやオーナメントも他店にはないものがあるので要チェック！

Renaud
ルノー

225, avenue de la Côte d'Azur.
Fleurs 113, 94631 Rungis
Tél.01-46-87-53-38
月 8:00～15:00　火、木 5:00～16:00
水 7:00～15:00　金 6:00～15:30
土・日・祭休
地図 p62 ③

「マット・フロール (p64)」と「フイヤジュール (p66)」の正面には鉢物を売る建物がありますが、その建物を越えたところにも数件の資材店が並んでいます。ここはその中の1店。こちらにも、他店には見られない商品の数々があります。リボンやキャンドルなど、掘り出し物が必ず！ 2階では、商品を使ったパリのエスプリあふれたインテリアコーディネートが見られます。

ほかにも数店の資材店がありますが、プロカードがなければ全く購入不可というお店もありますので、ランジスへは、あくまで見学というスタンスで行って下さいね。

特に見逃せないのが2階のコーナー(右上)。ほかにはないグッズを使ったコーディネートは必見です。

Talmaris
タルマリス

61, avenue Mozart 75016 Paris
Tél.01-42-88-20-20
月～土 10:00～19:00
日・祭休
地図p69 ④

知る人ぞ知る高級雑貨のお店。
カードのオーダーも

食器、アルバム、おもちゃ、ステーショナリーなど、かわいくて素敵な雑貨が所狭しとディスプレイされています。欲しいものだらけでツライ！ 特に、カードは色や模様の種類が豊富で私も早速オーダー。このカードセット、何とローマ法王庁御用達とか。さらに、イヴ・サンローランやトム・フォードなどそうそうたるセレブがオーダーしているそう。撮影用にカード類を並べて下さったオーナーのアランさん、その位置や色合わせの美的センスに感心！ さすがこの商品群をセレクトするオーナーです。16区のショッピングエリアのはずれにあり、知る人ぞ知る名店ですが、足を運ぶ価値は十二分！

4日目

アランさんがセッティングして下さったステーショナリー(左上)。店内は高級雑貨のワンダーランドです(左下)。オリジナルのステーショナリーをオーダーするならここで(右上)。柄、サイズが豊富なアルバムは目移りして大変(右下)。

Boissier
ボワシエ

184, avenue Victor Hugo
75116 Paris
Tél.01-45-03-50-77
月～土 10:00～13:00　14:00～18:00
日・祭休
www.maisonboissier.com/
地図p69 ⑤

マロン・グラッセ発祥のショコラティエ

1827年創業のパリで最も古いショコラティエ。マロングラッセもこのお店が最初に作ったとか。とろけるような栗は絶品の味わいです。必ず買うのは花びらの形のチョコレート。ミルクやビター、ホワイト、そしてピンクのチョコレートやラベンダーがまぶされたものなど、1枚ずついただくのが本当に楽しみ。ブルーのアールヌーボー調の缶の柄も素敵。サロン・ド・テでゆっくりお茶をしながらマダムウォッチングも楽しめます。

一押しは丸い缶に入った花びらの形のチョコレート（右）で、目にも鮮やかなブルーのパッケージが素敵。

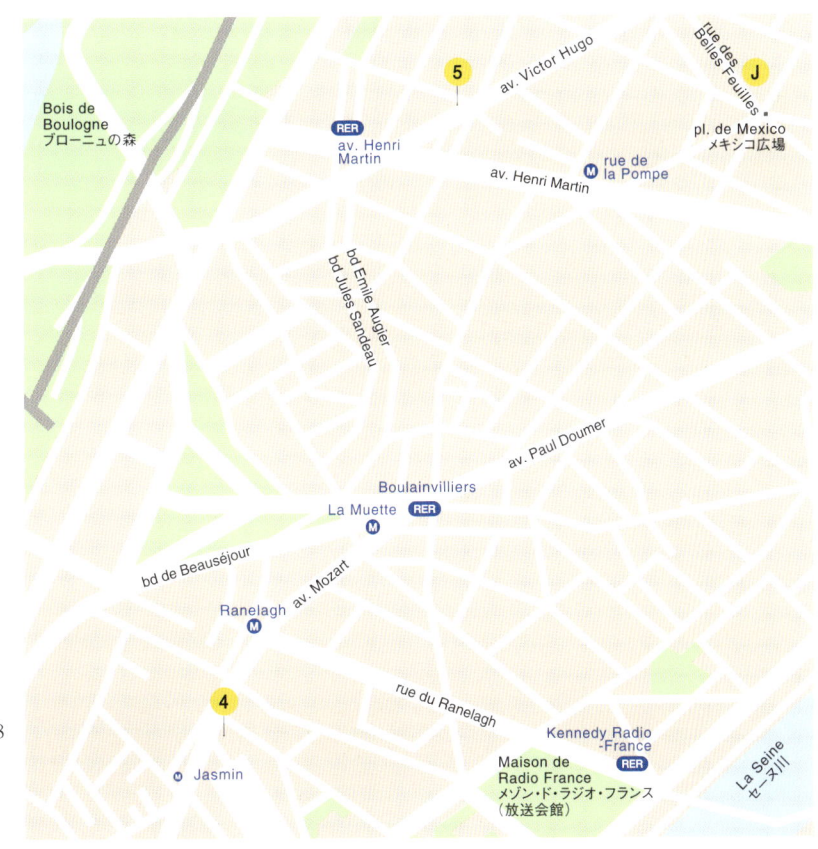

B　パリ16区
4　Talmaris　タルマリス —— p68
5　Boissier　ボワシエ —— p69
J　Supermarché Casino
　　スーパーマルシェ カジノ —— p91

5日目
個性的なブティックを探そう
マレ、レ・アール

Marais, Les Halles

マレには個性的なブティックがたくさん。入り組んだ細い路地に点在し、おしゃれな人が集まるエリアです。じっくりと時間をかけて廻りたい街。そして、その後は昔市場があったというレ・アールへ。市場の名残か、お料理や手芸の専門店が立ち並びます。

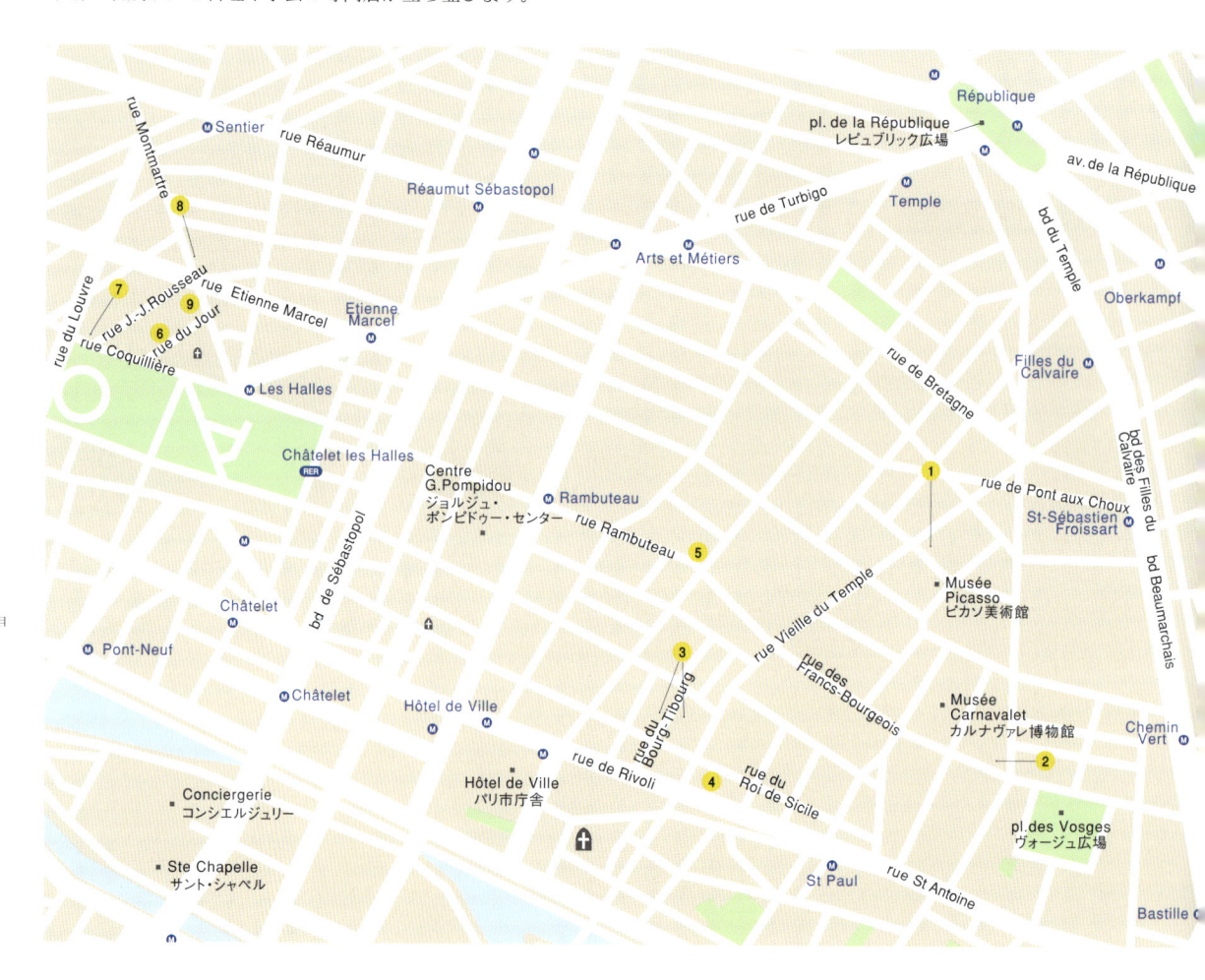

1. *Hysope & Cie* イゾップ&コンパニー —— p71
2. *Entrée des Fournisseurs* アントレ・デ・フルニスール —— p72
3. *Mariage Frères* マリアージュ・フレール —— p73
4. *Comme à la Campagne* コム・ア・ラ・カンパーニュ —— p74
5. *Les Mille Feuilles* レ・ミル・フイユ —— p75
6. *La Droguerie* ラ・ドログリー —— p79
7. *E. Dehillerin* E・ドゥイルラン —— p76
8. *A. Simon* A・シモン —— p76
9. *Mora* モラ —— p77

Hysope & Cie
イゾップ＆コンパニー

104, rue Vieille du Temple 75003 Paris
Tél.01-44-59-33-00
火～土 11:00～20:00
日 12:00～19:00　月休
地図 p70 ①

個性豊かなフルリスト

マレの一角、グレイッシュブルーの外壁と白い庇、お店の前に並べられた鉢物が人目を惹くフルリスト。ショップのディスプレイは、モノトーンのコーナーと明るい色のお花のコーナーとに分けられてあり、そのコントラストが効果的。お花はどれも生き生きと見えます。黒と白、モノトーンのスクエアの器と床のタイルがおしゃれな印象。訪れた時、オーナーのダヴィッドさんとマルクさんが近々お隣にオープン予定の雑貨を扱うお店のプランをお話しして下さいました。次回伺うのが楽しみ！

白のお花をディスプレイしたシックなコーナー（右）と、鮮やかな色合いのお花のコーナー（左下）。コントラストが見事です。

Entrée des Fournisseurs

アントレ・デ・フルニスール

8, rue des Francs-Bourgeois 75003 Paris
Tél.01-48-87-58-98
月 14:00～19:00
火～土 10:30～19:00
日・祭休
www.entreedesfournisseurs.com
地図 p70 ②

リボン・ボタンの専門店

ある冬、アシスタントさん3人と以前の仕事仲間、総勢5名でパリに行った時のこと。それぞれ巻きで買ったリボンをホテルの部屋で分け合ったことがありました。たまたま、お部屋のライトが一部壊れていたので、暗いお部屋で輪になってリボンを分け合う私達の姿はまるで「リボン教の集会みたい！」と大笑い！ 以来、私は「リボン教の教祖」と呼ばれています。それくらい、リボン大好き！なんです。ここは、教祖様のリボン心を十二分に満足させてくれる名店！ リボン以外にもボタン、フェルト、オーナメントなど、手作り心をくすぐるアイテムがたくさんです。お店の入り口がちょっとわかりにくいので、8番地をしっかりチェックして歩かないと見逃してしまいます。狭い入り口を入った奥には中庭が広がり、その奥にブティックがあります。

5日目

ブティックの前の中庭には、子供の遊ぶ姿が。あまりのかわいさにパチリ（左上）。リボン、ボタン、オーナメントの種類が豊富。迷ったら取り敢えずボタン1ダース、リボン2mが私の定数です。

Mariage Frères

マリアージュ・フレール

30/35,rue du Bourg-Tibourg 75004 Paris
Tél.01-42-72-28-11
ショップ：月～日 10:30～19:30
サロン・ド・テ：月～日 12:00～19:00　無休
www.mariagefreres.com
地図 p70 ③

特にサンデーブランチがお薦め

ご存知紅茶の専門店。東京でも銀座や新宿にお店があり、その雰囲気はパリに近いものがありますが…。その風格、空気は当然のことながら本場にはかないません！何せマリアージュ家は17世紀から紅茶の貿易に携わり、「マリアージュ・フレール」は1854年創業。現在では世界20ヶ国、500種のお茶が取り扱われているのだそう。マレ本店でのお楽しみは、サロン・ド・テ。天窓から降り注ぐ日差しが心地良いサロンでは、紅茶はもちろんのこと、サラダやサンドイッチなどのランチ、お菓子が楽しめます。お薦めは何と言ってもサンデーブランチ。大人気のブランチなので、予約は必須です！

200種類以上はある紅茶の缶。「紅」茶のほか、「緑」茶や「白」茶の種類も豊富。ポットのコレクションも圧巻です（左下）。サロン・ド・テでは、スィーツだけでなくサラダも美味。

Comme à la Campagne

コム・ア・ラ・カンパーニュ

29, rue du Roi de Sicile 75004 Paris
Tél.01-40-29-09-90
火〜土 11:00〜13:00、15:00〜20:00
日・月・祭休
地図p70 ④

フルリスト兼個性豊かな雑貨のショップ

マレ地区の南、ユダヤ人街の近くにあるショップ。「コム・ア・ラ・カンパーニュ」とは「田舎風に」という意味。その言葉どおり、都会の一角にあらわれた自然あふれる田舎のような雰囲気のフルリストです。オーナーのシルヴィさんとローランさんの穏やかなお人柄は、まさに今でいう「癒し系」。落ち着いた口調でお話しして下さるお二人にすっかり魅せられてついつい長居を。野趣あふれるお花と、ナチュラル感たっぷりのオブジェ、天井まである木のドアなど、心地良い空間を演出しているからなのだと納得！

5日目

お店の名前のようにお花もナチュラルで、田舎のフルリストにいるような錯覚を起こしそう。シルヴィさん、ローランさんと談笑（左下）。

Les Mille Feuilles

レ・ミル・フイユ

2, rue Rambuteau 75003 Paris
Tél.01-42-78-32-93
月 14:00～19:00
火～土 10:00～19:00　日・祭休
www.les-mille-feuilles.com
地図 p70 ⑤

世界中から集められた雑貨は要チェック！

「レ・ミル・フイユ」と言えば「クリスチャン・トルチュ」と並んだ有名店。もちろん東京にも上陸済みの素敵なフルリストです。初めてのパリで訪れて以来、何度足を運んだことか…。そのショップが、お花の取り扱いをやめ雑貨のみとなったと聞き、驚くとともに残念な気持ちでいっぱいでした。「もう、あのお花を見ることは出来ないのかしら？？？」と。今回も、正直なところ、「お花のないレ・ミル・フイユなんて…」と思っていたのですが…。皆様ご安心を！ 世界中から選りすぐられた個性的な雑貨であふれたショップは魅力いっぱい！ パリに来たら、必ず一つ購入！ のリストにお花の柄のタイルが加わりました！

ステキな雑貨があふれる店内。毎回購入のタイルはこれ！（左下）

Marché Raspail
マルシェ・ラスパイユ
場所はラスパイユ通り、
シェルシュ・ミディ通りとの交差点からレンヌ通りとの交差点の間
メトロ Rennes 駅下車
普通の市は、火、金 7:00～14:30
オーガニック専門の市は、同じ場所で、日 9:00～14:00
地図 p11 Ⓓ

Marché Président Wilson
マルシェ・プレジダン・ウィルソン
場所はプレジダン・ウィルソン通り、
ドゥブルース通りの交差点からイエナ広場の間
メトロ Alma-Marceau 駅もしくは Iéna 駅下車
水 7:00～14:30　土 7:00～15:00
地図 p36 Ⓖ

パリのマルシェ

パリと言えばマルシェ。週末や決められた曜日に、通りをはさんでずらりと並びます。最近の人気はビオ（オーガニック）のマルシェで、有名なのは毎週日曜日の朝開かれる6区のラスパイユ通りのもの。新鮮な野菜、果物、チーズ、パンそして蜂蜜などなど、あらゆる食材が通りの両脇にずらりと並びます。私がよく利用するのは、毎週水曜日と土曜日にたつ16区のプレジダン・ウィルソン通りのマルシェ。ホテルに滞在しているとさすがに野菜や肉類（うさぎや鴨は見てられません！）は買うことが出来ませんが、マルシェを歩くだけでもパリ気分が満喫出来ます。ピザやクレープなどのスナック類、お菓子は小腹がすいた時に。

A. Simon

A・シモン

48-52, rue Montmartre 75002 Paris
Tél.01-42-33-71-65
月 13:30～18:30
火～金 9:00～18:30
土 9:30～18:30
日・祭休
www.simon-a.com
地図p70 ⑧

クッキング用品のお店。
アレンジメントに使えるものも

こちらの得意技(?)は食器類。特に白い食器の種類は圧巻。一口に白と言っても、いろいろな色があり、また、リム(縁)の異なるものも豊富。スクエアだけでもいろいろな種類が。フラワーアレンジメントに使えるプレートも多数見つかります。

業務用の白い食器の種類は圧巻。

E. Dehillerin

E・ドゥイルラン

5日目

18-20, rue Coquillière/51, rue J.-J.Rousseau 75001 Paris
Tél.01-42-36-53-13
月 9:00～12:30、14:00～18:00
火～土 9:00～18:00　日・祭休
www.e-dehillerin.fr
地図p70 ⑦

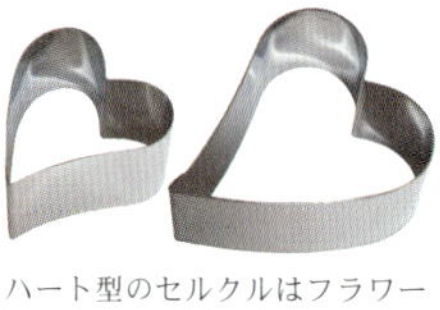

ハート型のセルクルはフラワーアレンジメントにも使えて便利。

老舗も見逃せない！

創業1820年という老舗中の老舗。建物に歴史を感じるお店です。地下に置いてある寸胴鍋は、直径9cmから、私も簡単に茹でられてしまいそうな大きさまで。お目当てはセルクル(ケーキの型)で、特に、片側がえぐれたハート型はフラワーアレンジメントにも使えて便利。形に合わせてフローラルフォームをカットし、お花をアレンジしたり…も出来るはず。

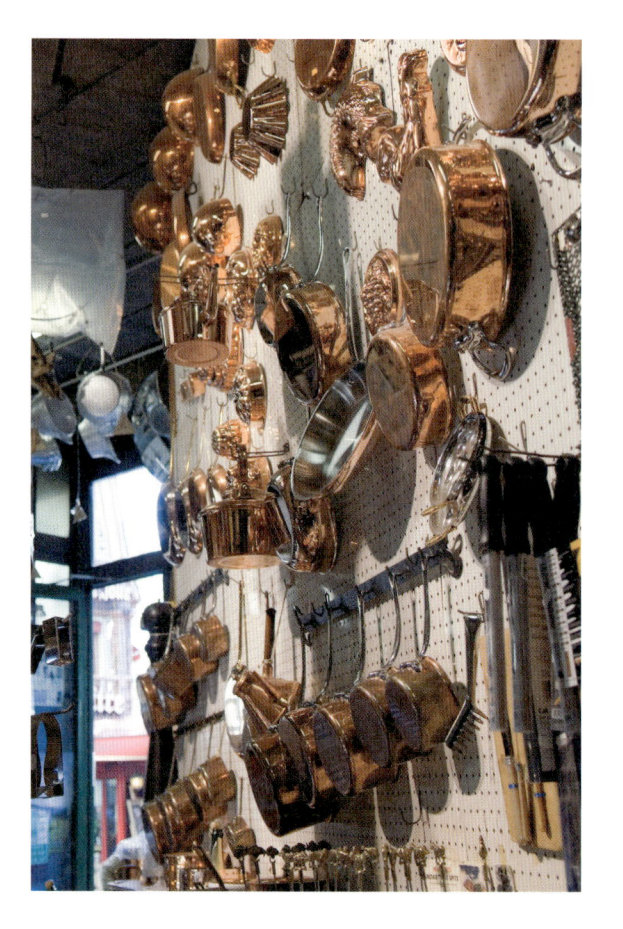

Mora

モラ

13, rue Montmartre 75001 Paris
Tél.01-45-08-19-24
月〜金 9:00〜18:15
土 10:00〜13:00、13:45〜18:30
日・祭休
www.mora.fr
地図p70 ⑨

パン籠は全部欲しい！

「A・シモン(p76)」のすぐ近くにあるこちらも製菓道具の専門店。お花に直接関係ないと思いつつ、「ラ・ドログリー(p79)」へ行ったついでについつい立ち寄ってしまいます。お気に入りはパン生地を休ませるためのバスケット。丸い形のバスケットは生花用にもよくありますが、ここのバゲット形のバスケットが個性的で大好き！ フラワーアレンジメントに利用します。買いたい商品を出口手前左で見せると伝票を作ってくれ、それを反対側のレジのオバチャマに支払い、そのレシートを見せて商品を受け取るというシステムです。

アレンジメントにも使うバスケット。左 €42、右 €36（右上）。製菓用具が豊富（右下）。

パリで買ったものでアレンジ

バスケットを使って

バスケット

製菓道具の専門店「モラ (p77)」にあるパン生地を休ませるためのバスケット。麻の布が付いているのが特徴です。このバスケット、様々なサイズの丸型のほか、細長いバゲット型にも数種類、バゲット用とバゲットの半量の生地で長く作るフィセル用などがあります。丸い形のバスケットはフラワーアレンジメント用に数限りなくありますが、長方形のものはなかなか見られません。珍しい形とその長さを利用して、お花とパンをアレンジしました。朝食のテーブルに飾ってみてはいかがでしょう？！

パリで買ったもの：バスケット
花材：ヒアシンス、スイセン（フォーチュン）、パンジー 2 種、ミント、ゼラニウム
その他の資材：パン、フローラルフォーム、ビニールシート、麻のテーブルクロス、鼓笛隊の人形

La Droguerie

ラ・ドログリー

9-11, rue du Jour 75001 Paris
Tél.01-45-08-93-27
月 14:00～18:45
火～土 10:30～18:45
日・祭休
www.ladroguerie.com
地図 p70 ⑥

手芸専門店。
フラワーデザインに使えるものもたくさん

日本国内にも支店があるのでご存知の方も多いはず。お店に入ると数時間は出て来られないという"魔の"「ラ・ドログリー」本店がここ。リボン、ボタン、ビーズ、オーナメントとあまりの種類の多さに目を白黒させてしまいますが、メモを片手に、とにかく欲しいものをリストアップ。そして、いち早くスタッフを一人つかまえることが大切！ どんなに多くの種類を買おうとも、ショップの中を一緒に廻って、リボンを切ったり、ボタンの数を数えたりしてくれます。決して土曜日の午後には行かないこと！ 行くなら、「ルイ・ヴィトン」と同様、朝一番に！

色とりどりのリボン、ボタンがたくさん。バッグや子供のニット類はキット売りもあって嬉しい。

6日目
布を探そう
モンマルトル

Montmartre

パリの北、高台にあるサクレ・クール寺院は観光地としても有名です。
その地、モンマルトルには布地屋さんが。
中心から少々離れていますが、何としても足を運びたいエリアです。

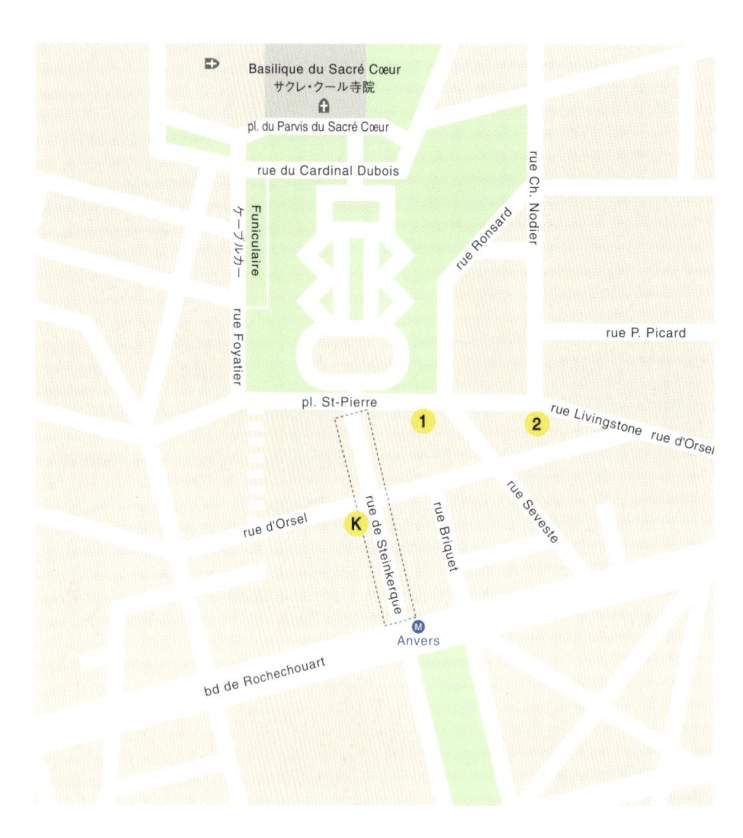

A　モンマルトル
1　*Reine*　レーヌ —— p82
2　*Moline*　モリーヌ —— p83
K　モンマルトルのおみやげ物屋 —— p91

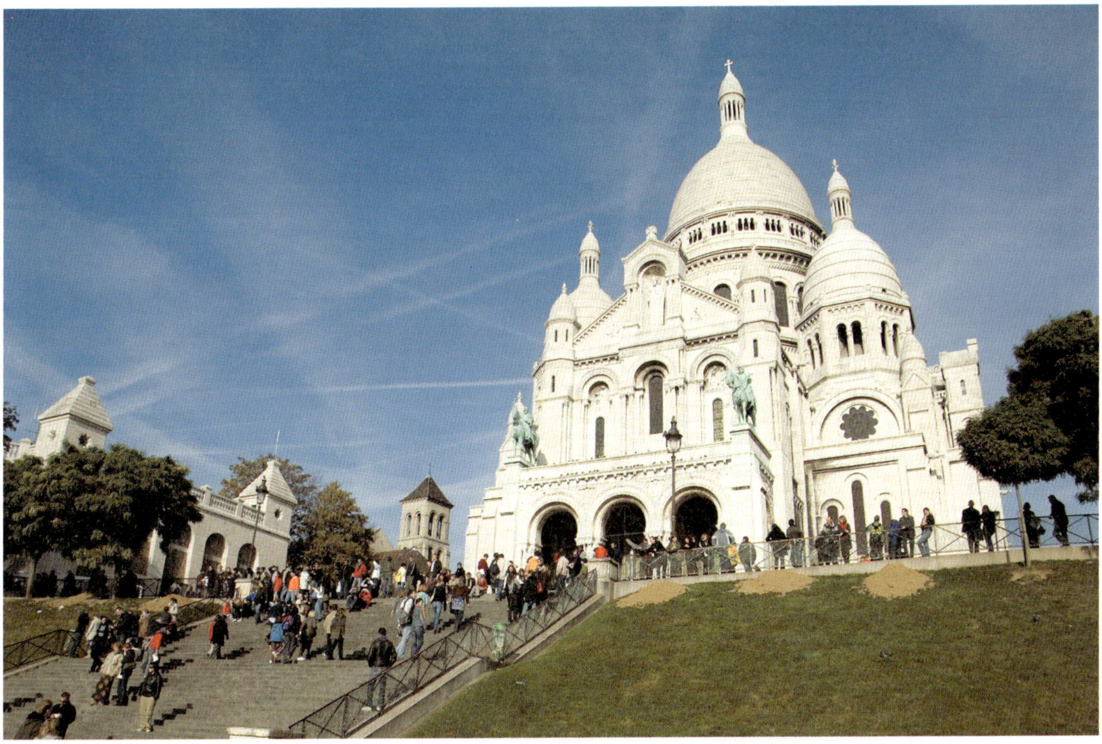

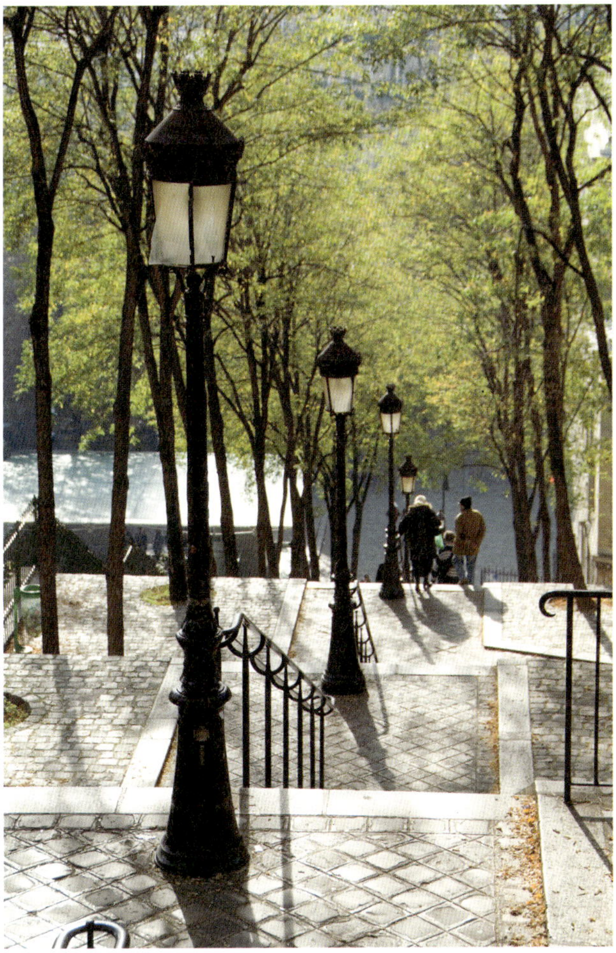

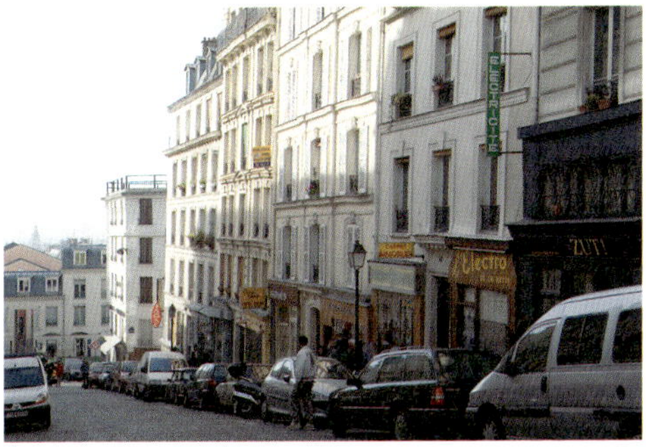

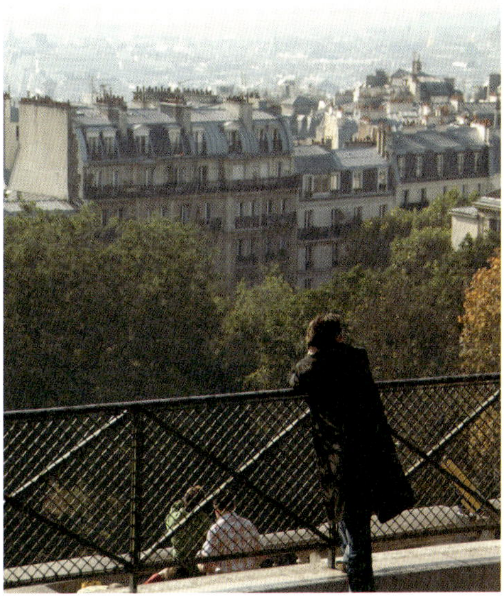

Reine
レーヌ

3-5, place Saint-Pierre 75018 Paris
Tél.01-46-06-02-31
月 14:00～18:30
火～金 9:30～18:30
土 9:45～19:00　日・祭休
www.tissusreine.com
地図 p80 ①

布の専門デパート

暮らし周りのスタイリストとして活躍中で、著書も多数の伊藤まさこさんが、お嬢ちゃまの胡春ちゃんのために作ったワンピース。麻の布にラナンキュラスのお花がペイントされたその布地が忘れられず、「モンマルトルの布地屋さんで…」という一言だけを頼りに行ったのは数年前。その布が見つかった時には狂喜乱舞しました。メトロ2番線のAnvers駅からサクレ・クール寺院に向かい、坂を上がる途中の両脇に、布地屋さんが数軒あり、初めて行った時にはその全てをチェック！ 結果、必ず覗くようになったのが、この「レーヌ」と「モリーヌ(p83)」です。「レーヌ」は4階まであるフロアそれぞれに魅力的な布がいっぱい！で、ついついいろいろ買ってしまいますが。壁に貼られた布が季節によって変わるエレベーターは必見です。

6日目

4階にあるオーガンジーにアルファベットがプリントされた布（右上）。レッスンに度々登場しました。3階にあるコットン、シルク類、これはほんの一部（左）。手芸、洋裁小物も充実しています（下）。

82

Moline
モリーヌ

1, place Saint-Pierre 75018 Paris
Tél.01-46-06-14-66
月〜土 9:45〜19:00
日・祭休
www.tissus-moline.com/
地図 p80 ②

新作に必ず出合える

「レーヌ(p82)」の並びにある「モリーヌ」は、1フロアながらも道を隔てたところにもショップがあり、その種類は勝るとも劣らず。特に、「レーヌ」の並びの奥(手前には手芸小物を扱うショップあり)には、「モリーヌ」ならではの布があります。必ずチェックするのは、麻布の種類。珊瑚が刺繍されたものや、オリエンタル風の柄がプレスされたものなど、行く度に新しい柄が見られます。その新柄を見た数ヶ月後に、伊勢丹でその布を使ったクッションを見た時には驚きでした！

とにかく毎回新しい布があるので選ぶのが大変！そして重い！！

パリで買ったものでアレンジ

ダリアの柄の布に合わせて

ダリア柄の布　　オリエンタル風の花柄の布　　珊瑚柄の布

布をフラワーアレンジメントに使うのは、ロンドン留学時代に初めて習いました。その時はシフォンのような布をリース全体に流すようにアレンジしたのですが、アレンジメントの中に布を使うという発想にビックリ！　今でこそ珍しくありませんが、布やフルーツなど異素材をアレンジメントに盛り込むのは、当時は斬新なアイデアでした。やはりロンドンで習い今でもよくするのは、布を10〜15cm程度の幅にカットして、周りに両面テープを付け、ワイヤーを固定して、ワイヤー付きリボンを手作りすること。そしてもう一つは手持ちの器に布を巻いてオリジナルの器を作ることです。布を器に巻くアイデアは、限られた器をいろいろと変化させることが出来ます。今回はダリアに刺繍された布を器に巻いて、その布をドレスのようにあしらってみました。布の柄に合わせて、ダリアをふんだんにアレンジ。私の布コレクションの一部もご披露します！（右2つ）

パリで買ったもの：ダリア柄の布
花材：ダリア4種
その他の資材：花器、フローラルフォーム

Restaurant Lao Siam

レストラン・ラオ・シャム

49, rue de Belleville 75019 Paris
Tél.01-40-40-09-68
月～日 12:00～15:00、19:00～23:30
無休
地図p85 ③

地元っ子に人気の
タイ＆ラオス料理のレストラン

布を買いにモンマルトルに行くと言ったら、細沼王子に「メトロの2番線は乗っちゃダメだよ～！ 大丈夫？」と言われてしまいました。特に夜は気を付けたほうがいいようです。このレストランも、2番線のBelleville駅近くの少々注意が必要な(?)エリアにあり、お薦めはランチタイムです。タイとラオス料理のレストランであるこのお店の一押しのメニューは何と言ってもパイナップルチャーハン。横たわったパイナップルにチャーハンが入ってくるとてっきり思っていた私は、この直立不動の姿にビックリ！ その他、海鮮類、肉類、野菜類のメニューはどれをとってもレベル高し！ メニューはフランス語で書かれていますが、その場合は、周りのテーブルを要チェック！ ちなみに…パイナップルという単語は、「Ananas (アナナス)」です。

ウワサのパイナップルチャーハンがこれ！ スプーンで掘り下げていただきます (上)。

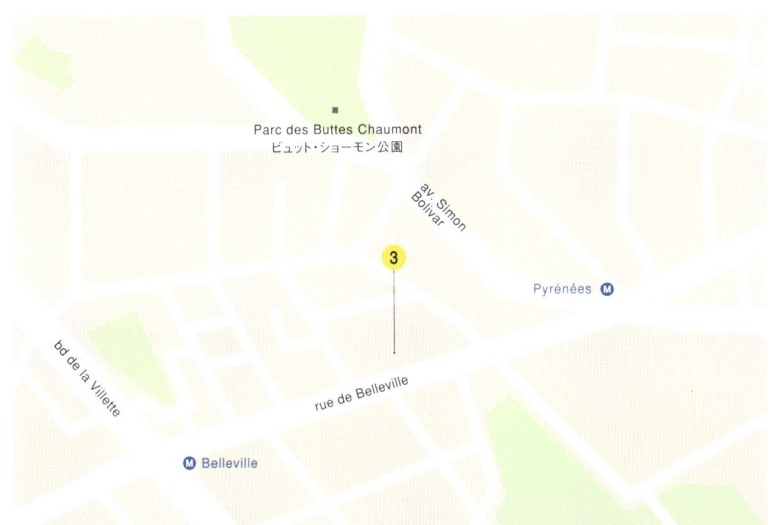

B パリ 19区

3 Restaurant Lao Siam
レストラン・ラオ・シャム —— p85

7日目
見本市に新作を見に行こう
メゾン&オブジェ

Maison & Objet

今日はヨーロッパ最大級のインテリアの見本市、メゾン&オブジェへ。
入場するには、業者専用のチケットが必要ですが、
最近では、メゾン&オブジェの入場を含んだツアーもあるようです。

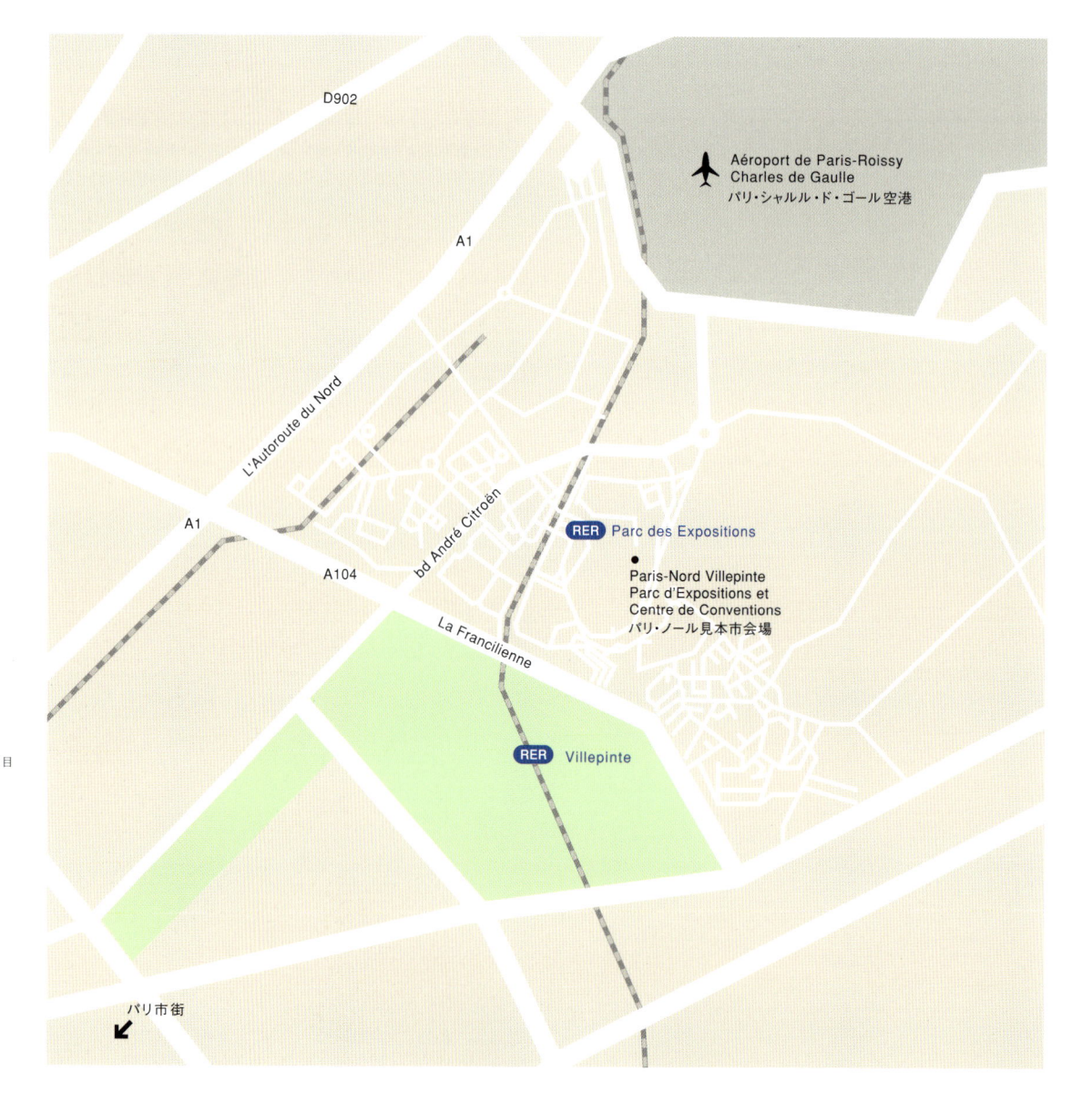

メゾン&オブジェの時期とアクセス

メゾン&オブジェは、毎年1月末～2月と、8月末～9月にかけての金～火曜日に開催されます。入場には、業者専用のチケットが必要なので、興味のある方は、メゾン&オブジェの入場を含んだツアーに参加することをお薦めします。日程調整が可能であれば、街中のショップがお休みになってしまう日曜日と、最終日の火曜日に行くのがベスト。最終日は16時頃になると、展示品の即売、cash & carryが始まりますので、朝から見廻りながら欲しいものを要チェック！ 私は毎回、ここでおみやげを探します。何せ、新しいコレクションの展示会なので、まだ全く出回っていない商品を買うことが出来るのですから。メゾン&オブジェはParis-Nord Villepinte Parc d'Expositions et Centre de Conventions（パリ・ノール見本市会場）（パリ・シャルル・ド・ゴール空港近く）で行われ、会場へは、メトロ1番線のPorte Maillot駅から無料のシャトルバスを利用します。

無料シャトルバスのバス停

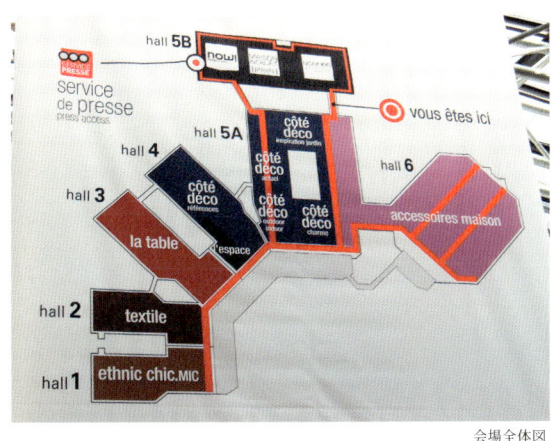

会場全体図

会場の案内板

メゾン&オブジェの会場

会場は、1・2・3・4・5A・5B・6と7つのホールに分かれ、それぞれ

1：ethnic chic.MIC　エスニック・シック
2：textile　テキスタイル
3：la table　テーブルアート
4：l'espace　空間
5A：côté déco, accessoires maison　装飾、雑貨
5B：scène d'intérieur　インテリア
6：accessoires maison　雑貨

などとなっています。
会場では各業者のブースを示すポケットブックを配っており、それを見ながら各ブースに辿り着くように歩きます。

会場案内と業者一覧の
ポケットブック

会場の様子

サンドニ・エ・フィス

シア

お花のブース

お花に関するものは圧倒的にホール5に多く、幅広のリボンの種類が豊富な「Altalena（アルタレナ）」社、オリジナルキャンドルを毎回発表する「St Denis & Fils（サンドニ・エ・フィス）」社、オリジナルのブリキの花器が珍しい「Chinoh（シノー）」社、そしてご存知「Sia（シア）」社(p54)は毎回必ず覗くブースです。各社とも購入には最低額を定めており、個人で買うには相当な額になってしまいますし(本来個人では買えませんが)、その後、海外送金、ヨーロッパの運送業者の指定、輸入手続きと煩雑な処理が必要ですので、連れて行っていただくという方は、やはり最終日の購入がベスト！　ただ…お買い物にこだわることなく、新作の発表の場であるメゾン＆オブジェは、目で見て実際に触れて楽しむ…というスタンスで行くのが良いのではないでしょうか。

アルタレナ

ローズマリー・シュルツ

メゾン・ド・ヴァカンス

7日目

パリで買ったものでアレンジ

リボンとオーナメントで
クリスマスリース

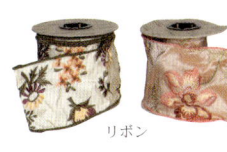

オーナメント　　　　リボン

メゾン&オブジェで必ずチェックするクリスマスオーナメントの「BHD（ベー・アッシュ・デー）」社と、インテリアグッズの「Altalena（アルタレナ）」社。「BHD」のオーナメントは繊細なガラスで出来ていて、色合いも豊富。特にラメを使った装飾はほかにはない美しさです！「Altalena」の10cmという幅広リボンもなかなか見られない優れもので、特に刺繍を施したリボンは本当に素敵！この2種の組み合わせで作るクリスマスリースは、ホテルオークラのクリスマスレッスンの定番です。オーナメントとリボンを自由に選んでいただくレッスンは、いつもSaleのような熱気！クリスマスというと赤と緑のクリスマスカラーや、ゴールド、シルバーといった色のリースが一般的ですが、毎年のこととなれば、イメージを変えてみたいもの。このリースは、ピンクにしてみました。

パリで買ったもの：リボン、オーナメント
花材：バラ（イブピアッチェ、ロマンチックキャリオーサ、イブシルバ）、カーネーション（スピリット、クリスティーナ）、ピンクスター
その他の資材：リング型フローラルフォーム

おいしいおみやげ

雑誌や本で情報を得たり、現地の方に教えていただいたりして買うようになったおいしいおみやげがこの16品。「おいしかったからまたお願い！」と言われるのが嬉しくて、荷物が増えるのも何のそので、買って帰ります！

1
「ブリュルリー・デ・テルヌ」の紅茶 "Montagne Bleue"

一ツ星レストラン「ステラ・マリス」のマダムお薦めの紅茶。木苺とルバーブのフレーバーが特徴。矢車草とヘリアンサスの花びらが入っている。100g €3.85

2
「ボワシエ(p69)」の紅茶 "Earl Grey Fleurs"

矢車草とヒマワリの花びらが入った、ベルガモットの香りが漂うアール・グレイティー。エンジェル柄の缶もキュート。€12

3
「マリアージュ・フレール(p73)」の紅茶 "Marco Polo"

「マリアージュ・フレール」で一押しの紅茶は、うっとりするような甘いフレーバー。モスリンコットンのティーバッグ。30個入り。€11.50

4
「ボワシエ(p69)」の花びら形のチョコレート

鮮やかなブルーの缶にぎっしりと詰められた花びら形のチョコレート。50数枚入りの中缶は€23。他に大・小缶がある。

5
「ダ・ローザ(p17)」のレーズンチョコ

ソーテルヌワインに漬けたレーズンの風味が何とも言えないおいしさ。€9.80

6
「ピエール・エルメ」のチョコレート

数種あるチョコレートの中で一番のお薦めは、パッションフルーツのガナッシュとアーモンドプラリネのチョコレート。€11.80

7
「ラデュレ(p40)」のマカロン

10数種あるマカロンはお好みで詰めてくれます。丸形の箱は定番のもの。その他に、柄の美しい箱もあり。15個入り €20

8
「ピエール・エルメ」のマカロン

バラ、ユズのフレーバーと、抹茶が入った期間限定のオリジナルマカロン。1個€1.40前後

9
「ポワラーヌ(p26)」のクッキー

素朴な味が魅力のクッキー。季節によってはハート形も。箱入りのものもある。€6.75

10
「オペラ座」の
蜂蜜

パリのど真ん中、オペラ座の屋上で取れる蜂蜜。オペラ座を描いたラベルもおみやげに最適。€12.10 (いつもフォションで買います。)

11
「ボワシエ (p69)」のオレンジ風味のチョコレートジャム

コクのあるチョコレートにオレンジのフレーバーが美味。€7.5

12
「クリスティーヌ・フェルベール」のジャム

オリジナリティあふれる組み合わせは「フェルベール」ならでは。これは、バナナ風味のオレンジジャムと、アプリコット、パイナップル、オレンジを合わせたもの。「ル・ボン・マルシェ (p30)」の食品館にあり。€6.11

13
「エシレ」の
バター

コクのあるバターの味が格別の「Echiré エシレ」。有塩は demi sel と表示あり。籠入りがキュート。「ル・ボン・マルシェ (p30)」の食品館にあり。€3.90

14
「ディヴェー」の
フォアグラテリーヌ

こちらもレストラン「ステラ・マリス」のマダムお薦め。かわいい陶器入りは250gで€43。

15
「クロ・デ・フォンテーヌ」の
乾燥キノコ

「ル・ボン・マルシェ (p30)」の食品館にある「Clos des Fontaines (クロ・デ・フォンテーヌ)」の乾燥キノコ。セップ、モリーユなど数種ある。€12.52

16
「イオデ」の
ソルト&ペッパー

「スーパーマルシェ カジノ」にしかない「Iodé (イオデ)」のソルト&ペッパーのセット。マダム Sel (塩)、ムッシュ Poivre (胡椒) というネーミングがキュート。€4.22

番外編
食べられませんが…、モンマルトルのおみやげ物屋さんのキャップ

毎回必ず買うキャップ。メトロ Anvers 駅を降りて、サクレ・クール寺院に向かう道の両脇にあるおみやげ物屋さんにあって、€15～20ですが、同じ物でもお店によって値段が違うのはご愛嬌。地図p80 Ⓚ

---

1   Brûlerie des Ternes
ブリュルリー・デ・テルヌ
10, rue Poncelet 75017 Paris
Tél.01-46-22-52-79   地図p6 Ⓐ

6,8   Pierre Hermé   ピエール・エルメ
72, rue Bonaparte 75006 Paris
Tél.01-43-54-47-77   地図p11 Ⓕ

10   Fauchon   フォション
24-26, Place de la Madeleine 75008 Paris
Tél.01-70-39-38-00   地図p52 Ⓘ

14   Divay   ディヴェー
4, rue Bayen 75017 Paris
Tél.01-43-80-16-97   地図p6 Ⓑ

16   Supermarché Casino
スーパーマルシェ カジノ
16, rue des Belles Feuilles 75016 Paris
Tél.01-56-26-17-00   地図p69 Ⓙ

旅の終わりに　アルバムの作り方

旅のあとの楽しみは何と言ってもアルバム作り。毎回楽しみにして下さっている生徒さんのお顔を思い浮かべると俄然張り切ってしまいます。
アルバムを作るのに、パリ滞在中、心がけているのは、フルリストばかりでなくブティックの素敵なウィンドウディスプレイやパリらしい風景を撮ること、そして機内食に始まり、帰国するまで食べた物全ての写真の撮影です。さらに、立ち寄ったお店のショップカードをいただいたり、また、記念切手を買いに郵便局に行くようにしたりしています。ショップカードは必ず2枚いただき、1枚はパリのアドレス帳用に、そしてもう1枚はアルバムに使います。フランスの記念切手は、色や柄が豊富。特に、ヴァレンタインの時期には、「シャネル」や「キャシャレル」、「ジバンシー」と言ったブランドとコラボレートしたハート形の切手も見られ、毎年大人気！
そしてもう一つ、写真を撮るもので忘れてはならないのは、ショッピングした物の撮影。お洋服や靴、バッグなどの私物ショッピングから、フラワーアレンジメント用の資材まで、毎晩、ホテルのお部屋で大撮影大会！最近買い替えたデジカメは、一つのショットを、フラッシュ有り無しで2枚同時に撮れる優れもの。その2枚からきれいに写っているほうを選びます。
アルバムとして選ぶのは、主に黒い紙のスケッチブック。黒いベースはどんな写真も引き立ててくれますし、また、スタイリッシュでおしゃれな印象に。日数や写真の量に応じてスケッチブックの大きさやページ数を選び、ペンのインクは、黒に良く映えるシルバーを好んで使っています。
素材が揃ったら、いよいよアルバム作り。写真やショップカードのレイアウトを考えながら、日記風にして時系列で歩き回ったルートを追ってみたり、「お花編」「食べ物編」「ショッピング編」と分けてみたり…。
さらに、手書きの地図を書くのも私流。それらの間に、メトロや美術館のチケットや、記念切手をコラージュ風にレイアウト。私だけのパリのアルバムが完成です！

あとがき

私が、このような本を出すことになるとは、夢にも思いませんでした。
長年私の片腕としてお仕事のアシスタントをして下さっているかすみちゃんから「ミヨミヨ(日頃、アシスタントさん達からはこう呼ばれています)が本を出す時には、必ずあとがきに私の名前を載せて下さいね。」と言われ、「わかった、わかった。『河野さん、あなたがいらっしゃらなければこの本を作ることは出来ませんでした。本当にありがとう。』こんな感じでいいの?」と、冗談を言っていたほどですから…。ところが冗談(?)から駒が出てしまいました!
編集の宮崎雅子さんには本の企画の段階からプロならではのアドバイス、細やかな心配りをいただきました。
デザイナーの渡部浩美さんは、ほかの作品を拝見してぜひこの方にお願いしたいと思った方。無理なお願いを快く引き受け、いたるところでさりげないセンスを見せて下さいました。
パリ在住のフォトグラファー、吉田パンダことタイスケさん、犬好き、食いしん坊という共通点で撮影をお願いしました。犬と食べ物ばかりでなく、お花も美しく撮って下さいました。
そして、パリと東京を往復していらっしゃる梅原絵里さん、タイトなスケジュールの中、素敵なお写真をお撮りいただきました。
パリのコーディネートを一手に引き受けて下さった高田昌枝さん。お店のアポのみならず、パリ事情についてアドバイス、タイトル訳などなどたくさんお手伝いいただきました。
アシスタントの河野かすみさん、青陰さと子さん、撮影、そしてレッスン時のお二人のアシストは、まさにあうんの呼吸。これからも宜しくね!
パリの撮影をお手伝いして下さった小林真弓さん。時々撮影途中でいなくなったと思ったら、巨大なオレンジ色や茶色のブランド袋を抱えて帰って来ることもありましたが(笑)、滞在したアパルトマンの電球が切れていることにいち早く気付き、買いに走ってくれました。あとで「本を出すなんて時に縁起が悪い!」とおっしゃり、そのさりげないお気遣いに感激しました。
そして、日々あらゆる面でお世話になっている株式会社花弘の細沼忠良社長ご夫妻、弘良常務、光則さんをはじめとする花弘スタッフ・ファミリーの皆様、私を花の世界へと導いて下さった恵泉フラワースクールの今は亡き松本都先生、元麻布にあったザ・ロンドン・スクール・オブ・フラワーズ バイ ジェーン・パッカー時代から永きにわたりお支え下さっている生徒の皆様に…心より御礼申し上げます。
最後に、パパ&ママ、裕&裕いつもありがとう!

三代川純子

さくいん

○生花、プリザーブドフラワー、アーティフィシャルフラワー、フラワーアレンジメント用資材

アン・ジュール・ド・フルール	Un Jour de Fleurs	（生花）	p34
イゾップ＆コンパニー	Hysope & Cie	（生花）	p71
オドラント	Odorantes	（生花、キャンドル）	p24
オ・ノン・ド・ラ・ローズ	Au Nom de la Rose	（生花、キャンドルほか）	p13
オリヴィエ・ピトゥ	Olivier Pitou	（生花）	p23
クロード・カンコー	Claude QuinQuaud	（生花）	p45
コム・ア・ラ・カンパーニュ	Comme à la Campagne	（生花、雑貨）	p74
ステファン・シャペル	Stéphane Chapelle	（生花）	p57
セバスチャン・マンゴッツィ	Sébastien Mengozzi	（生花、花器）	p44
パスカル・ミュテル	Pascal Mutel	（生花、花器、キャンドル）	p12
バティスト	Baptiste	（生花、花器）	p33
フイヤジュール	Feuillazur	（フラワーアレンジメント用資材、アーティフィシャルフラワー）	p66
マット・フロール	Mat-Flor	（フラワーアレンジメント用資材、アーティフィシャルフラワー）	p64
マリアンヌ・ロビック	Marianne Robic	（生花、花器）	p28
ルノー	Renaud	（フラワーアレンジメント用資材）	p67
レ・クチュリエ・ド・ラ・ナチュール	Les Couturiers de la Nature	（プリザーブドフラワー）	p14
ローズマリー・シュルツ	Rosemarie Schulz	（プリザーブドフラワー、ファブリック）	p55
ローラン・デシャン	Laurent Deschamps	（生花、花器）	p48

○雑貨、インテリア雑貨、文房具

カスパリ	Caspari	（紙ナプキン、カード、雑貨）	p22
シア	Sia	（インテリア雑貨、アーティフィシャルフラワー）	p54
シール・トリュドン	Cire Trudon	（キャンドル）	p15
タルマリス	Talmaris	（カード、インテリア雑貨、）	p68
D・ポルトー	D.Porthault	（リネン）	p38
トラディシヨン・ルヌエ	Tradition Renouée	（タッセル、雑貨）	p14
ドログリー・タネール	Droguerie Thanner	（バスケット、雑貨）	p17
ノエル	Noël	（リネン）	p46
フラゴナール	Fragonard	（フレグランスグッズ、雑貨）	p27
フラマン	Flamant	（インテリア雑貨、生花、サロン・ド・テ）	p20
ブラン・ディヴォワール	Blanc d'Ivoire	（インテリア雑貨）	p18
ベヌトン	Benneton	（カード、文房具）	p53
メゾン・ド・ヴァカンス	Maison de Vacances	（インテリア雑貨）	p59
メゾン・バカラ	Maison Baccarat	（クリスタルガラス、美術館、レストラン）	p47
ル・ジャカール・フランセ	Le Jacquard Français	（リネン）	p56
ル・ファクトゥール・ネ・パ・パセ	Le Facteur n'est pas Passé	（雑貨）	p58
レ・ミル・フイユ	Les Mille Feuilles	（インテリア雑貨）	p75

○テキスタイル、手芸用品

アントレ・デ・フルニスール	Entrée des Fournisseurs	（リボン、ボタン、手芸用品）	p72
ウルトラモード	Ultramod	（リボン、ボタン、手芸用品）	p57
ピエール・フレイ	Pierre Frey	（テキスタイル、インテリア雑貨）	p19
マヌエル・カノヴァス	Manuel Canovas	（テキスタイル、インテリア雑貨）	p18
モリーヌ	Moline	（テキスタイル、手芸用品）	p83
ラ・ドログリー	La Droguerie	（リボン、ボタン、手芸用品）	p79
レーヌ	Reine	（テキスタイル、手芸用品）	p82

○ファッション

ジャマン・ピュエシュ	Jamin Puech	（バッグ）	p25
ジャマン・ピュエシュ・アンヴァンテール	Jamin Puech Inventaire	（バッグ）	p25

○食器、料理器具

E・ドゥイルラン	E.Dehillerin	（料理器具、製菓用品）	p76
A・シモン	A.Simon	（食器、料理器具）	p76
モラ	Mora	（製菓用品、料理器具、）	p77

○ケーキ、パン、総菜、レストラン

カーサ・ビーニ	Casa Bini	（イタリアンレストラン）	p15
ジェラール・ミュロ	Gérard Mulot	（菓子、総菜、パン）	p16
ダ・ローザ	Da Rosa	（生ハム、総菜、食材）	p17
ディヴェー	Divay	（フォアグラ、惣菜、食材）	p91
ピエール・エルメ	Pierre Hermé	（チョコレート、菓子、パン）	p90
フォション	Fauchon	（食材、惣菜、菓子、パン）	p91
ブリュルリー・デ・テルヌ	Brûlerie des Ternes	（紅茶、コーヒー）	p90
ボワシエ	Boissier	（チョコレート、マロングラッセ、紅茶、サロン・ド・テ）	p69
ポワラーヌ	Poilâne	（パン、菓子、カフェ）	p26
マリアージュ・フレール	Mariage Frères	（紅茶、菓子、食器、サロン・ド・テ）	p73
ラデュレ	Ladurée	（菓子、サロン・ド・テ）	p40
レストラン・ラオ・シャム	Restaurant Lao Siam	（タイ＆ラオス料理レストラン）	p85

○百貨店、スーパーマーケット、マルシェ他

スーパーマルシェ カジノ	Supermarché Casino	（食材、日用品他）	p91
マルシェ・プレジダン・ウィルソン	Marché Président Wilson	（食材、生花、雑貨）	p75
マルシェ・ラスパイユ	Marché Raspail	（食材）	p75
モンマルトルのおみやげ物屋		（おみやげ物）	p91
ル・ボン・マルシェ	Le Bon Marché	（百貨店）	p30

○ホテル

フォーシーズンス・ホテル・ジョルジュ・サンク	Four Seasons Hotel George V	（ホテル）	p42

三代川純子　みよかわじゅんこ　プロフィール

フラワーデザイナー。
東京生まれ。三井物産株式会社人事部勤務中に恵泉フラワースクールで学び、
退職後、フラワーデザインを学ぶため渡英。
「コンスタンス・スプライ」「ジェーン・パッカー」などにてディプロマを取得した後、
英国王室御用達フローリスト「エドワード・グッドイヤー」にて修業。
また、パリのフルリスト「パトリック・ディヴェール」「リリアンヌ・フランソワ」にても研修を行う。
フラワーデザイナーとして、雑誌「花時間」などで多くの作品を発表するかたわら、
「ホテルオークラレディースサークル」では、
ヨーロッパで自ら買い付けて来た資材を使いレッスンを行っている。
http://www.hotelokura.co.jp/tokyo/
また、「Hanahiroプリザーブドフラワー・アカデミー」の主任講師も務める。
http://www.hanahiro.co.jp/
著書に『ようこそ、フラワーレッスンへ　英国スタイルのフラワーアレンジメント』（六耀社刊）がある。
＊お花や雑貨、おいしいものについて書いたブログ「パリ通信」が、六耀社のホームページ
　にありますのでご覧ください。http://www.rikuyosha.co.jp/

パリ一週間
花と雑貨を探す旅プラン

発行日：第1刷　2007年4月 9日
　　　　第5刷　2010年8月14日

著者：三代川純子

撮影：吉田パンダ
　　　梅原絵里
　　　三代川純子
ブックデザイン：渡部浩美
パリコーディネーション：髙田昌枝
編集：宮崎雅子

写真掲載ページ
梅原絵里
8、17〜19、25、38、59のクッション、61右上、76、82、87、91の帽子——以上の切り抜き写真
32、50、51、60、65、78、84、89、92

三代川純子
2中央の犬、8中、9上・中・右下、61のバッグ、62〜64、66、67、75マルシェの写真、87風景、88、90、91

吉田パンダ
上記以外
（五十音順）

発行者：藤井一比古
発行所：株式会社 六耀社
〒160-0022　東京都新宿区新宿2-19-12　静岡銀行ビル5階
Tel. 03-3354-4020
Fax. 03-3352-3106
振替：00120-5-58856
印刷・製本：株式会社 シナノ

©2007 Junko Miyokawa
©2007 Rikuyosha Co., Ltd.
Printed in Japan
ISBN978-4-89737-583-0

無断掲載・複写を禁じます。

http://www.rikuyosha.co.jp/
この本へのご意見、ご感想などは、弊社ホームページまでお寄せください。